保存版！ **30年間の西武バス全型式をカラーで紹介！**

昭和末期～平成のバス大図鑑 第5巻

西武バス

JN001623

加藤佳一（BJエディターズ）

清瀬市のけやき通りを走る清63系統。2023年2月から中国BYD製の電気バスも活躍している。

Contents

西武バス路線図（昭和61年・平成18年現在） ……………… 4	1997（平成9）年の車両 ……………… 24
昭和最後のころの車両たち ……………… 6	1998（平成10）年の車両 ……………… 28
1989・90（平成元・2）年の車両 ……………… 8	1999（平成11）年の車両 ……………… 34
1991（平成3）年の車両 ……………… 10	2000（平成12）年の車両 ……………… 38
1992（平成4）年の車両 ……………… 12	2001（平成13）年の車両 ……………… 42
1993（平成5）年の車両 ……………… 14	2002（平成14）年の車両 ……………… 46
1994（平成6）年の車両 ……………… 16	2003（平成15）年の車両 ……………… 51
1995（平成7）年の車両 ……………… 18	2004（平成16）年の車両 ……………… 56
1996（平成8）年の車両 ……………… 20	2005（平成17）年の車両 ……………… 60

2006（平成18）年の車両 ……………………… 64
2007（平成19）年の車両 ……………………… 69
2008（平成20）年の車両 ……………………… 74
2009（平成21）年の車両 ……………………… 79
2010（平成22）年の車両 ……………………… 84
2011（平成23）年の車両 ……………………… 89
2012（平成24）年の車両 ……………………… 92
2013（平成25）年の車両 ……………………… 97
2014（平成26）年の車両 …………………… 102

2015（平成27）年の車両 …………………… 104
2016（平成28）年の車両 …………………… 107
2017（平成29）年の車両 …………………… 110
2018（平成30）年の車両 …………………… 112
2019（平成31・令和元）年の車両 ………… 114
令和に登場した車両たち …………………… 116

現有車両一覧表 ……………………………… 123

団地輸送の基地として1969年に開設された滝山営業所に並ぶ車両たち。

昭和の西武バス路線図（昭和61年3月31日現在）

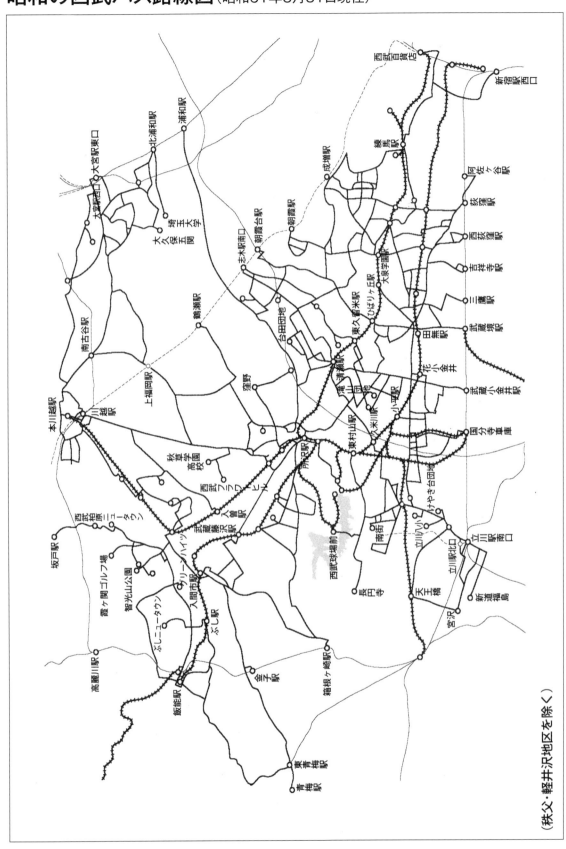

（秩父・軽井沢地区を除く）

平成の西武バス路線図（平成18年3月31日現在）

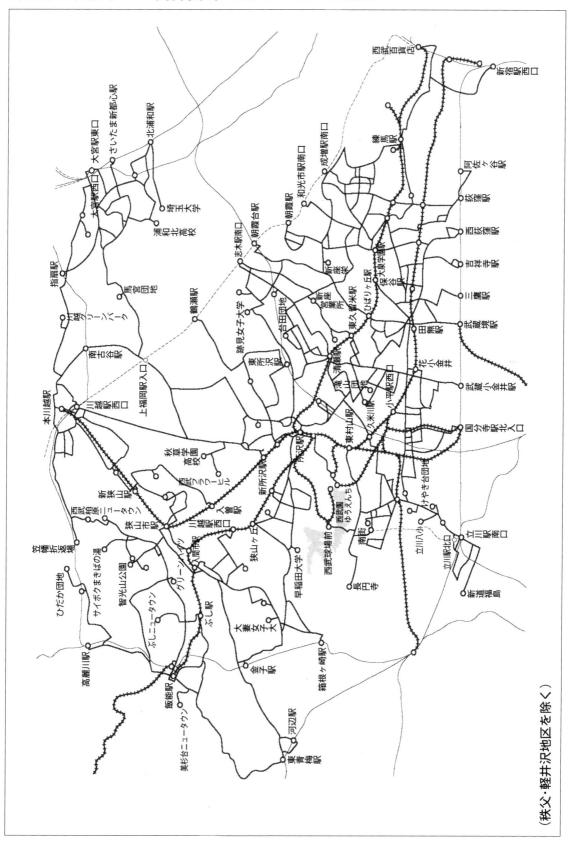

（秩父・軽井沢地区を除く）

昭和最後のころの車両たち

　筆者が初めて西武バスの車両撮影取材に臨んだのは、2003（平成15）年の秋のことである。当時の最古参車は1990年式で、昭和最後のころの車両を撮影していない。そのため、ここでは西武バスが所蔵する1986～88年式の車両の写真を紹介する。当時の西武バスは日産ディーゼル車にほぼ統一されていた。社番は一般路線車が乗合を示す「A」と西暦製造年の下1桁、3桁の固有番号をハイフンでつないだもの、高速車・貸切車は千位が西武バスグループを示す「1」、百位が西暦製造年の下1桁、十位と一位が固有番号という4桁であつた。

A7-517（日産ディーゼルP-U32N改）

U32系は1984～87年に導入。富士5E型のライトベゼルを黒色に塗装した。ホイールベース4760mmのK尺、5100mmのL尺、5500mmのN尺があり、都区内では4枚折戸仕様も採用された。

1865（日産ディーゼルP-DA67UE）

1985年に池袋～新潟間の高速バスを開業。貸切車としてすでに活躍していたスペースウイングが使用された。後部トイレつきの34人乗りで、写真は金沢線開業時の増備車である。

1624（日産ディーゼルP-DA67UE）

貸切バスでは1984年に3軸スーパーハイデッカーのP-DA66U
を採用。1985年から本型式の導入を開始した。1986年式の
1624は後部トイレつき32人乗りの豪華なサロンカーである。

1738（日産ディーゼルP-DA67UE）

高速バスは新潟線に続き、1987年に富山線、1988年に伊勢線、
金沢線、1989年に大津線、上越線を運行開始。新潟線と同じ後
部トイレつき34人乗りの本型式が次々に増備されていた。

1862（日産ディーゼルP-RA53TE）

貸切バスの汎用タイプには1985年から富士HD-Ⅰ型ボディを架装。本型式はエンジンRF8型、ホイールベース6500mmで前輪独立
懸架仕様。1988年式の1862は後部トイレつきである。

1620（日産ディーゼルU-RP210GAN）

1986年には大型9m観光バスのスペースアローRPを採用。12m車と同じ富士HD-Ⅰ型ボディが架装されている。エンジンはFE6型、
ホイールベースは4300mm、乗客定員は28人である。

1989・90（平成元・2）年の車両

　1989（平成元）年と1990（平成2）年は「昭和58年排出ガス規制」適合のP-車と「平成元年排出ガス規制」適合のU-車が導入された。路線車には富士7E型ボディ架装のU33系、観光車には富士7M型・7S型ボディのRA520系が登場。高速車は1990年12月に開業した勝浦線に3列シート車が採用された。1989・90年式も西武バス所蔵の写真を紹介するが、U33系は残っていなかったため、関東鉄道移籍後に筆者が撮影した写真を掲載した。なお、1988年9月には西武秩父バスが設立され、1989年4月から小鹿野線を引き継いで営業を開始した。

貸切バスに1989年に採用されたスペースウイング。エンジンは340PSのRF8型、ホイールベースは6300㎜。富士7S型がボディされた日産ディーゼル初の2軸スーパーハイデッカーだった。

1964（日産ディーゼルU-RA520SBN）

1970（日産ディーゼルU-RA520TBN）

同じく貸切バスとして1989年に初めて採用されたスペースアロー。エンジンはRF8型、ホイールベースは6500㎜で、富士7M型ボディが架装されている。1970は60人乗りであった。

本型式の最終増備車。エンジンは370PSのRE10型、ホイールベースは5640+1300㎜。後部トイレつき32人乗りのセミサロンで、前面上部が大きく傾斜し、側窓がT字型に変更された。

1017（日産ディーゼルP-DA67UE）

1004（日産ディーゼルU-RA520TBN）

前年に続いて導入された富士7M型ボディのスペースアロー。1004は55人乗りであった。写真は2003年秋の取材時のもので、西武高原バス三原営業所の路線車として活躍していた。

1977（日産ディーゼルP-RA53T）

1989年に開業した大宮～成田空港間の高速バス「ONライナー」の専用車。共同運行6社で統一したボディカラーをまとい、直結式冷房を搭載して床下トランクスペースを確保している。

関東鉄道9113TC（日産ディーゼルP-U33L）

1989～91年に新製されたU33系。富士ボディが7E型となり、PF6H型エンジンが搭載された。ホイールベースは5240㎜のL尺と5550㎜のN尺で、都区内には4枚折戸仕様も配置された。

1991(平成3)年の車両

　1991(平成3)年も「平成元年排出ガス規制」適合のU-車が導入されている。一般路線バスに初めてUA440が登場し、U32と同様に3種類のホイールベースで採用された。ただし都区内路線では4枚折戸仕様に代わり、引戸2枚の3扉仕様が選択されている。高速バスは7月開業の小諸線に在来車で対応。貸切バスはスペースアローのRA520が増備された。西武自動車の特定バスも大型のUA440、中型のRM210が新製された。なお、6月には西武高原バスが設立され、10月から軽井沢・三原営業所の路線バス・貸切バスを引き継いで営業を開始した。

A1-930(日産ディーゼルU-UA440LSN)

1991年に初めて採用されたUA440。ターミナル駅での降車時間の短縮が求められる都区内路線用は、従来の中扉4枚折戸仕様から3扉仕様に変更されている。(写真提供：西武バス)

A1-906(日産ディーゼルU-UA440LSN)

UA440の標準的な前中扉仕様。ただしA1-863・867・875・880・906・907・B1-10・11は2人掛けシート中心で、社内で"用途外車"と呼ばれるワンロマタイプ。(写真提供：西武バス)

B1-10(日産ディーゼルU-UA440LSN)

同じくUA440の前中扉車で、エンジンはPF6型、L尺のホイールベースは5240mm。ワンロマタイプのB1-10・11は西武秩父バスに新製配置されたため、「B」を冠した社番が与えられた。

S-61（日産ディーゼルU-UA440HSN）

西武自動車が特定バス用に新製したUA440。ホイールベース4720mmのH尺。前中折戸・引き違い窓の富士7B型ボディである。特定バスにはSを冠した固有の連番が与えられている。

S-59（日産ディーゼルU-RM210GSN）

西武自動車が特定バス用に新製した中型車。エンジンはFE6型、ホイールベースは4280mmで、富士8B型ボディが架装されている。イオン昭島SCの無料送迎バスに使用されていた。

1128（日産ディーゼルU-JM210GAP）

初めて導入されたフレームつきシャーシの中型観光バス。エンジンはターボつき205PSのFE6型、ホイールベースは4360mm。西工ボディが架装されている。
（写真提供：西武バス）

1127（日産ディーゼルU-RA520TBN）

前年に引き続き増備された富士7M型ボディのスペースアロー。1127は55人乗りで、貸切車から路線車に転用された。西武高原バスの観光路線では数多くの貸切転用車が活躍していた。

1992（平成4）年の車両

　1992（平成4）年も「平成元年排出ガス規制」適合のU-車が導入されている。一般路線バスは引き続きUA440の3つのホイールベースを増備。都区内配置の中間尺車は3扉で採用され、西武秩父バスでも短尺車が新製されている。また所沢には中型のRM210が配置された。高速バスは3軸スーパーハイデッカーのRD620を導入。貸切バスはスーパーハイデッカーのRD620とハイデッカーのRA520が増備された。なお、6月から西武高原バスが高速バス小諸線の運行に加わった。また、12月に新座営業所が新設され、清瀬営業所が廃止されている。

S-208（日産ディーゼルU-RA520TBN）

引き続き貸切バスとして10台新製された富士7M型ボディのスペースアロー。このうち大宮の1241は高速バスに転用され、さらに特定バスとなって笹バスカラーに塗り替えられた。

S-66（日産ディーゼルU-RM210ESN）

西武自動車が特定バスとして導入したホイールベース3850mmの短尺中型車。前中折戸・引き違い窓の富士8B型ボディが架装されている。取材時には飯能営業所に配置されていた。

S-67（日産ディーゼルU-RM210GSN）

同じく特定バスとして採用された標準尺の中型車。前中折戸・引き違い窓の富士8B型ボディを架装。前年式の同型車とともに、イオン昭島SCの無料送迎バスに使用されていた。

1235（日産ディーゼルU-RD620UBN）

DA67の後継にあたる3軸スーパーハイデッカー。1234・1235・1245・1246は固定窓の貸切バスで、後部トイレつき32人乗りのセミサロン。のちに1246が高速バスに改造されている。

1233（日産ディーゼルU-RD620UBN）

同じく富士7S型ボディを持つ3軸車で、エンジンは420PSのRF10型、ホイールベースは5640＋1300㎜。1233はT字型窓の高速車で、後部トイレつき34人乗り。（写真提供：西武バス）

1231（日産ディーゼルU-RA520TBN）

富士7M型ボディを持つスペースアローで、1231・1232・1236～1238・1241・1243・1244は55人乗り、1239・1240は60人乗りの貸切車。1238は西武高原バスの路線車に転用された。

1247（日産ディーゼルU-RP210GAN）

1986年に続いて採用された大型9m観光バスのスペースアローRP。富士ボディが7M型に変更されている。28人乗りのセミサロンが練馬に2台新製配置された。（写真提供：西武バス）

A2-4（日産ディーゼルU-UA440LSN）

1992年は62台増備されたUA440の中間尺車。A2-963・3・4は用途外車、A2-948・950・976～978・994～997・16～19・25・26は3扉車。1992年には長尺車も16台新製された。

A2-984（日産ディーゼルU-UA440HSN）

1992年は西武バスが田無・立川に計12台、西武秩父バスが2台導入しているUA440の短尺車。西武秩父バスの自社発注車にはB2-12・13の社番が与えられた。（写真提供：西武バス）

A2-28（日産ディーゼルU-RM210GSN）

所沢駅～西武園ゆうえんち間の直行バス用として、所沢に4台配置された中型車。ボディに遊園地のアトラクションが描かれていた。A2-27・28はのちに西武高原バスに移籍している。

S-63（三菱ふそうU-MK117J）

西武自動車が特定バス用に採用したエアロミディ MK。エンジンは6D16型、ホイールベースは4390㎜である。跡見学園の学生輸送用からイオン昭島SCの無料送迎バスに転用された。

1993（平成5）年の車両

　1993（平成5）年も「平成元年排出ガス規制」適合のU-車が導入されている。一般路線バスは引き続きUA440を3つのホイールベースで採用。短尺車は田無・秩父、長尺車は大宮・狭山に配置され、都区内の中間尺車には3扉仕様が選択された。また所沢と秩父には中型のRM210が導入されている。高速バスはスーパーハイデッカーで2軸のRA520と3軸のRD620を新製。小諸線が上田と臼田に延長された。貸切バスはハイデッカーのRA520と3軸スーパーハイデッカーのRD620を採用。貸切バスと用途外車に初めてバックアイが装着されている。

1360（日産ディーゼルU-RD620UBN）

3軸のスペースウイングは6台。1356～1359が後部トイレつき34人乗りの高速車、1360・1361が後部トイレつき32人乗りの貸切車だったが、1360は34人乗りの高速車に改造された。

1352（日産ディーゼルU-RA520RBL）

2軸のスペースウイングは7台。ホイールベースが6180mmに短縮された。1350が後部トイレつき34人乗りの高速車、1351・1352・1362～1365が後部トイレつき48人乗りの貸切車。

1353（日産ディーゼルU-RA520TBN）

ハイデッカーのスペースアローは3台。ハイデッカーは1993年までホイールベース6500mmのT尺で新製されている。いずれも55人乗りの貸切車で、所沢に2台、秩父に1台配置された。

A3-77（日産ディーゼルU-UA440LSN）

前年に引き続き66台増備されたUA440の中間尺車。このうちA3-68 ～ 70・77・87・94はワンロマタイプの用途外車。UA440
は用途外車のみ通風器が前後とも丸形ファンとなっている。

A3-86（日産ディーゼルU-UA440LSN）

1993年式のUA440のうち、A3-53 ～ 59・86・113・114は
3扉車。通風器は前部が丸形ファン、後部がベンチレーター。3
扉車は都区内の路線を所管する練馬と上石神井に配置された。

A3-122（日産ディーゼルU-UA440NSN）

前年に引き続き11台増備されたUA440の長尺車。ホイール
ベースは5550㎜である。長尺車は少数派で、団地輸送を担う
狭山、ラッシュ時の乗客がとくに多い大宮に新製配置された。

A3-123（日産ディーゼルU-UA440HSN）

10台採用されたUA440の短尺車。田無に9台、秩父に1台配置
された。A3-123は秩父に新製配置されたもので、この年から
運行開始したメロディバス用のスピーカーを装備している。

A3-105（日産ディーゼルU-RM210GSN）

1993年は3台新製された中型のRM210。所沢に2台、秩父に1
台配置された。当時の西武バスは利用者が多く、狭隘路線にも
短尺大型車を運用していたため、中型車はわずかだった。

1994（平成6）年の車両

　1994（平成6）年も引き続きU-車が導入されている。一般路線バスはU440を3つのホイールベースで採用。中間尺車は都区内に3扉仕様が配置され、長尺車の新製は2台にとどまった。また朝霞市コミュニティバス用として、小型車の日野RBが1台導入されている。高速バスにはスペースウイングとスペースアロー、貸切バスにはスペースウイングと三菱エアロバスMMが採用された。なお、3月には狭山台にあった旧狭山営業所が廃止され、川越営業所に統合された。また、6月には田無営業所が廃止され、滝山営業所西原車庫が新設された。

A4-126（日産ディーゼルU-UA440LSN）

1994年はA4-125・166が練馬、A4-126・127・154・181・182が上石神井に配置された中間尺UA440の3扉車。スタイルは前年の車両と同一。吉祥寺駅発着路線などに使用されていた。

A4-169（日産ディーゼルU-UA440LSN）

1994年は48台増備された中間尺UA440の前中扉車。このうち、A4-146・162・169・170・172・193はワンロマタイプの用途外車であり、通風装置が前後ともに丸形ファンであった。

A4-156（日産ディーゼルU-UA440HSN）

1994年は8台新製された短尺UA440。短尺車はひばりヶ丘駅周辺に狭隘路がある田無営業所所管路線に使用されていたが、同営業所の廃止により、新設の西原車庫の所属となった。

S-71（日産ディーゼルU-UA440HAN改）

西武自動車が特定バス用に3台導入した短尺UA440のエアサス車。前中4枚折戸・黒枠引き違い窓の富士7B型ボディが架装されている。練馬営業所でホテルの送迎輸送に使用された。

S-73（日産ディーゼルU-RM210GSN）

西武自動車が特定バス用に1台採用した中型車のRM210。1991・92年式と同型の前中折戸・銀枠引き違い窓の富士8B型ボディである。川越営業所で企業の従業員輸送に使用された。

1479（三菱ふそうU-MM826H）

西武バスでは数少ない三菱製の貸切バス。固定窓・サブエンジン式冷房のエアロバスMMである。乗客定員27人のセミサロン。1478が練馬、1479・1480が狭山に新製配置された。

1475（日産ディーゼルU-RA530RBN）

高速バスとして8台新製されたスペースウイング。関越高速バスの車両は前年から、370PSのRG8型エンジンを搭載したRA530となっている。仕様は後部トイレつき34人乗りである。

1477（日産ディーゼルU-RA520RBL）

高速車と貸切車に計5台採用されたスペースウイング。こちらはRF8型エンジンのRA520。高速車1468は中央トイレつき29人乗り、貸切車1466・1467・1476・1477は52人乗りである。

1995（平成7）年の車両

　1995（平成7）年もU-車が導入されたが、小型路線車は「平成6年排出ガス規制」適合のKC-車となっている。一般路線車の大型に初めてリフトつきワンステップバスを採用。ツーステップバスは3種の長さで増備され、都区内には中型も配置された。コミュニティバスには小型が導入されている。高速車にはスペースウイングを増備。貸切車としてスペースウイングと中型車が新製された。筆者が2回目に西武バスを取材したのは2013年秋で、当時の最古参車は1995年式だった。このため、ここからは2013年取材時の写真も紹介していく。

A5-208（日産ディーゼルU-UA440LSN改）

1995年に初めて登場した中間尺UA440のワンステップバス。折戸（グライドスライドドア）の中扉にリフトを装備。A5-208・308が当初は滝山管内の清瀬駅〜東久留米駅間で使用された。

A5-289（日産ディーゼルU-UA440LSN）

前年に続いて導入された中間尺UA440のツーステップバス。A5-200〜202・204・289・290・297・299・307は用途外車。観光路線が多い西武高原バスには、主に用途外車が移籍した。

A5-250（日産ディーゼルU-UA440LSN）

同じく前年に引き続き増備された中間尺UA440のツーステップバス。A5-194・195・217・230・246～248・250・263～266・279・280は3扉仕様で、練馬・上石神井に配置された。

A5-206（日産ディーゼルU-UA440NSN）

こちらは長尺UA440のツーステップバスで、1995年式は1台新製されている。他の長尺UA440と同じように、大宮に配置されていた。UA440の冷房装置は全車とも富士重工製である。

A5-291（日産ディーゼルU-UA440HSN）

前年に続いて導入された短尺UA440のツーステップバス。8台が従来どおり滝山（西原）に配置されたほか、6台が初めて上石神井に配置され、こちらは前乗り均一運賃仕様だった。

A5-288（日産ディーゼルU-RM210GSN）

1993年に続いて採用された中型車のRM210。A5-287・288が上石神井、298が小平に新製配置された。路線車は2002年式の一部からLED表示器が装着され、在来車の改造も実施された。

1583（日産ディーゼルU-RM210ESN）

貸切バスとして2台新製された短尺中型車のRM210。前折戸・黒枠引き違い窓の富士8B型ボディが架装されている。乗客定員は27人。RM210の冷房装置は全車とも富士重工製である。

A5-311（日野KC-RX4JFAA）

1995年に初めて登場した小型車のリエッセ。エンジンはJ05C型、ホイールベースは3550mmである。A5-309～311の3台が新座に配置され、「新座市シャトルバス」に使用されていた。

1591（日産ディーゼルU-RA530RBN）

高速車として7台導入された富士7S型ボディのスペースウイング。エンジンはRG8型で、高速車標準の固定窓仕様。後部トイレつき34人乗りの1588～1594が練馬に新製配置された。

1585（日産ディーゼルU-RA520RBL）

貸切車として4台導入された富士7S型ボディのスペースウイング。エンジンはRF8型で、汎用貸切車標準のT字型窓仕様。52人乗りの1584～1587が所沢と大宮に2台ずつ配置された。

1996（平成8）年の車両

　1996（平成8）年は全車種が「平成6年排出ガス規制」適合のKC-車となった。一般路線バスは1台を除いて中型車で、短尺のRM211を大量に採用。3台が補助ステップつきのワンステップバスとなった。コミュニティバス用の日野リエッセも増備されている。高速バスにはスペースウイング2軸車のRA550、貸切バスにはスペースウイング2軸車のRA531と3軸車のRD630、中型のRM250が導入された。なお、3月に立川営業所が小平営業所に統合された。4月には西武秩父バスが西武観光バスと改称され、狭山営業所と大宮営業所が開設された。

A6-368（日産ディーゼルKC-RM211ESN改）

一般路線車として1996年に計71台導入された短尺中型車のRM211。このうち、A6-368・379は前中折戸のワンステップバスで、中扉開扉時に下がる補助ステップが装着されている。

A6-357（日産ディーゼルKC-RM211ESN改）

同じく短尺中型車のRM211。A6-357は前中引戸のワンステップバスで、前扉開扉時に下がる補助ステップが装着されている。新製当初は「練馬区シャトルバス」に使用されていた。

A6-373（日産ディーゼルKC-RM211ESN改）

短尺のRM211ツーステップバスのうち、A6-336～341・343～348・350～356・358～367・370～378・380～384・389～393は、ホイールベースを3770mmに短縮した西武バス特注仕様だった。

A6-327（日産ディーゼルKC-RM211ESN）

短尺のRM211ツーステップバスのうち、A6-315～334はメーカー標準仕様。エンジンはFE6E型、ホイールベースは3900mmである。なお、西武自動車の特定バスS-87もこれと同型だった。

A6-387（日産ディーゼルKC-RM211GSN）

一般路線車として1996年に4台新製された標準尺のRM211。前中引戸でホイールベース4280mmのツーステップバスである。A6-387・388はのちに後述の（新）西武自動車に移籍した。

S-89（日産ディーゼルKC-RM211GSN）

西武自動車が特定バスとして1台採用した標準尺のRM211。前折戸・銀枠引き違い窓の富士8B型ボディが架装されている。川越に配置され、狭山市児童館の送迎輸送に使用された。

A6-369（日産ディーゼルKC-UA460LSN改）

1996年の一般路線バス唯一の大型車で、初めて導入されたKC-車である。エンジンは新開発のPG6型、ホイールベースは中間尺の5240mm。中扉リフトつきのワンステップバスである。

S-115（いすゞKC-LV280N）

特定バスとして1台だけ在籍したいすゞキュービック。エンジンは8PE1型、ホイールベースは5300㎜。東野高校の自家用車を引き継ぎ、そのまま同校のスクールバスに使用した。

S-86（三菱ふそうKC-MK219J）

西武自動車が1996年に初めて1台導入したエアロミディMKツーステップバスのKC-車。エンジンは6D17型、ホイールベースは4390㎜。跡見学園のスクールバスに使用されていた。

A6-397（日野KC-RX4JFAA）

前年に続いて新製された小型車のリエッセ。このうち4台は前中折戸で、A6-312・397は保谷市「キャンバス」→西東京市「はなバス」、394・395は「川越シャトル」に使用された。

A6-313（日野KC-RX4JFAA）

1996年式のリエッセのうち、A6-313・314は前中4枚折戸で、中扉にリフトを装備していた。「川越シャトル」の専用車で、別路線を受託していた東武バスにも同型車が在籍していた。

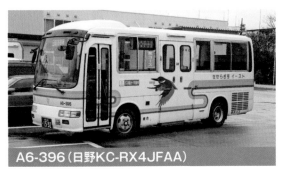

A6-396（日野KC-RX4JFAA）

1996年式のリエッセのうち、A6-396は前中両引戸で、中扉にリフトを装備している。日高市「せせらぎ号」に使用されていたが、このコミュニティバスは2007年に廃止されている。

S-92（日産KC-RYW40）

西武自動車が特定バスとして3台採用したシビリアンのロングボディ。エンジンTD42型、ホイールベース3690㎜のエアサス車。西武百貨店の池袋店〜駐車場間で使用されていた。

S-90（日産KC-BW40）

西武自動車が特定バスとして2台採用したシビリアンの標準ボディ。エンジンED35型、ホイールベース3310㎜のリーフサス車。S-90はハイルーフで、西友関連の来客輸送に使用された。

S-91（日産KC-BW40）

同じくシビリアンの標準ボディだが、S-91は標準ルーフの幼児車だった。中折戸・銀枠引き違い窓で、後面に非常口が設置されている。小鹿野町立幼稚園の送迎バスとして使用されていた。

1699（日産ディーゼルKC-RM250GAN）

貸切バスとして1996年に3台導入された中型車のRM250。エンジンは260PSのFE6型、ホイールベースは標準尺の4280mmである。乗客定員は40人で、いずれも小平に配置されていた。

S-487（日産ディーゼルKC-RM250GAN）

特定バスとして1台在籍した中型車のRM250。前折戸・引き違い窓の富士8B型ボディが架装されている。左記の貸切バス1699が移籍したもので、早稲田大学契約輸送に使用された。

1601（日産ディーゼルKC-RD630UBN）

1996年式が2台だけ在籍した3軸スペースウイングのKC-車。エンジンは450PSのRH10型、ホイールベースは5580＋1300mm。後部トイレつき32人乗りセミサロンの貸切バスだった。

1603（日産ディーゼルKC-RA531RBN）

1996年に初めて採用された2軸スペースウイングのKC-車。1603〜1605はエンジンが350PSのRG8型、ホイールベースが6180mm、側窓がT字型。52人乗りセミサロンの貸切バスだった。

1606（日産ディーゼルKC-RA550RBN）

同じく初めて登場した2軸スペースウイングのKC-車。1695・1696・1606・1607はエンジンが400PSのRH8型、ホイールベースが6180mm。後部トイレつき34人乗りの高速バスだった。

1997（平成9）年の車両

　1997（平成9）年も「平成6年排出ガス規制」適合のKC-車が導入されている。一般路線バスは大型短尺・中間尺のUA460、中型短尺・中間尺のRM211を採用。いずれもワンステップバスが含まれ、一部は補助ステップつきである。コミュニティバスに7m尺中型ワンステップバスのRN210が登場。リエッセも引き続き増備されている。高速バスにはスペースウイングのRA550、貸切バスにはスペースウイングのRA531を導入。また路線バスとして使用後、近江鉄道に移籍していた3扉の元A7-403が、2022年に里帰りして貸切バスの1736となった。

A7-467（日産ディーゼルKC-UA460LSN改）

前年に続いて導入された中間尺UA460のワンステップバス。このうち、A7-402・451・456・467は前中4枚折戸となったが、この4枚折戸は1997年式だけに見られた狭幅のものだった。

A7-444（日産ディーゼルKC-UA460LSN改）

中間尺UA460のワンステップバスのうち、A7-431・444・450・475・476・479・480は前中引戸だった。これらUA460の初期型ワンステップバスは、スロープ板を装備していない。

A7-432（日産ディーゼルKC-UA460LSN）

1997年に初めて採用された中間尺UA460のツーステップバス。このうち、A7-398～401・422はワンロマタイプの用途外車。なお、1997年式の中間尺車には3扉仕様は含まれていない。

A7-417（日産ディーゼルKC-UA460HSN）

1997年に初めて導入された短尺UA460のツーステップバス。ホイールベースは4720㎜。ほとんどが3扉の都区内仕様で新製されたなかで、A7-417だけが前中扉で滝山に配置された。

1736（日産ディーゼルKC-UA460HSN）

短尺UA460のうち、A7-403・418 ～ 421・433 ～ 435・439 ～ 441・443・460は3扉車である。写真の1736は、A7-403が近江鉄道から里帰りした貸切車で、室内が近江仕様に改造されている。

S-102（日産ディーゼルKC-UA460LSN）

西武自動車が特定バスとして新製した中間尺UA460のツーステップバス。S-102は路線バスに見られない前中折戸のワンロマ車である。川越で東部工業会の送迎輸送に使用された。

S-98（日産ディーゼルKC-UA460LSN）

西武自動車が特定バスとして新製した中間尺UA460のツース
テップバス。S-95・98・99は路線バスと同じ前中引戸だが、
側面表示器がない点が異なる。いずれも川越に配置された。

S-116（日野KC-HT2MLCA）

特定バスとして3台在籍した日野ブルーリボンHT。エンジンは
M10U型、ホイールベースは4800㎜。東野高校の自家用車を
引き継ぎ、そのまま同校のスクールバスに使用していた。

S-97（日産KC-RGW40）

1997年式は2台在籍したシビリアンロングボディ。TD42型エ
ンジン搭載のリーフサス車。前面表示器があるS-97は西武自動
車が新製したもので、にいざ温泉の送迎輸送に使用された。

S-171（日産KC-RGW40）

同じ型式のシビリアンロングボディだが、S-171は三井オート
リースから中古購入したもの。中折戸・銀枠引き違い窓のハイ
ルーフ車で、大泉で西友関連の来客輸送に使用されていた。

S-96（三菱ふそうKC-MK219J）

前年に引き続き西武自動車が1台新製したエアロミディMKツー
ステップバスのKC-車。前年式のS-86と同様、跡見学園の学生
輸送に使用され、桜の花びらを散らしたデザインである。

A7-416（日産ディーゼルKC-RN210CSN）

1997年に初めて採用された7m尺中型車のRN210。エンジン
はFE6E型、ホイールベースは3400㎜で、スロープ板つきのワ
ンステップバス。3台が入間市「てぃーろーど」に使用された。

A7-438（日産ディーゼルKC-RM211ESN）

前年に引き続き導入された短尺中型車のRM211。1997年は
メーカー標準タイプのツーステップバスで8台増備されている。
新製時には練馬・所沢・滝山の各営業所に配置された。

S-100（日産ディーゼルKC-RM211GSN）

西武自動車が特定バスとして新製した標準尺中型車のRM211。
前中折戸・銀枠引き違い窓の富士8B型ボディを持つツーステッ
プバス。川越で淑徳大学の学生輸送用に使用されていた。

A7-429（日産ディーゼルKC-RM211GSN改）

1997年に初めて6台新製された標準尺中型車のRM211ワンステップバス。前中4枚折戸で、大型車に先駆けてスロープ板が装着されている。A7-425～430の社番で滝山に配置されていた。

A7-471（日産ディーゼルKC-RM211GSN）

前年に引き続き20台導入された標準尺中型車のRM211ツーステップバス。ボディスタイルは前年式と同じである。練馬・上石神井・小平・新座・所沢・川越・飯能に配置された。

1712（日産ディーゼルKC-RA531RBN）

前年に続いて採用されたRG8型エンジンのスペースウイング。ボディはT字型窓仕様の富士7S型。1710～1715・1718は52人乗り、1719は後部トイレつき48人乗りの貸切バスである。

1709（日産ディーゼルKC-RA550RBN）

前年に引き続き導入されたRH8型エンジンのスペースウイング。ボディは固定窓仕様の富士7S型。後部トイレつき34人乗りの1708・1709・1716・1717が高速バスとして活躍した。

1998（平成10）年の車両

　1998（平成10）年もKC-車が導入されたが、25年ぶりにいすゞ車が新製されて大きな話題となった。一般路線バスに中間尺キュービックのワンステップバスを採用。日産ディーゼルの大型車は3種の長さのツーステップバスと中間尺のワンステップバスに加え、初めてノンステップバスが登場した。中型車もツーステップで増備されている。高速バスにはスペースウイングを導入。貸切バスにはスペースウイング、スペースアロー、スペースランナー7、シビリアンが採用された。なお、7月には西武自動車が西武総合企画に改称された。

A8-574（日産ディーゼルKC-UA460KAM）

1998年に初めて採用された短尺のUAノンステップバス。エンジンはPG6型でZF製のトルコンATを搭載。ホイールベースは4800㎜である。A8-570〜574の社番で滝山に新製配置された。

A8-482（日産ディーゼルKC-UA460LSN改）

前年に続いて導入された中間尺のUAワンステップバス。A8-482・483・490は前中引戸・銀枠2段窓で、前年の同仕様車と同じボディスタイルである。いずれも新座に配置された。

A8-498（日産ディーゼルKC-UA460LSN改）

同じく中間尺のUAワンステップバスだが、A8-498・499は前中折戸・銀枠2段窓で、中扉には開扉とともに下降する補助ステップが装着されている。いずれも滝山に配置された。

A8-567（日産ディーゼルKC-UA460HSN）

前年に続いて増備された短尺のUAツーステップバス。このうち、A8-561〜567は3扉で、狭隘路の走破性とターミナルでの乗降性に優れたタイプとして上石神井に集中配置された。

A8-500（日産ディーゼルKC-UA460HSN）

同じく短尺のUAツーステップバスだが、こちらは前中引戸。滝山（西原）に新製配置されたが、写真は西武観光バスに移籍後の姿で、メロディバス用のスピーカーが装着されている。

A8-568（日産ディーゼルKC-UA460LSN）

1998年式が1台だけ在籍した中間尺のUAツーステップバスの3扉車。中間尺UAと3扉の組み合わせはU-車から引き継がれたものだが、練馬に配置されたこの車両が最後の1台だった。

A8-554（日産ディーゼルKC-UA460LSN）

前年に引き続き導入された中間尺のUAツーステップバスの2扉車。このうち、A8-487〜489・509・520・521はワンロマタイプの用途外車で、後部の通風装置も丸形ファンである。

A8-526（日産ディーゼルKC-UA460NSN）

1998年に初めて採用された長尺のUAツーステップバス。ホイールベースは5550mmで、中間尺車とは前中扉間の窓幅が異なっている。A8-525・526・531の社番で大宮に配置された。

S-120（日産ディーゼルKC-UA460NSN）

特定バスとして導入された長尺のUAツーステップバス。前中4枚折戸・黒枠逆T字型窓の富士7E型ボディが架装されている。飯能に2台配置され、駿河台大学の学生輸送に使用された。

S-127（日産ディーゼルKC-UA460LSN）

特定バスとして新製された中間尺のUAツーステップバス。前折戸・銀枠2段窓で、車内は両側2人掛けシートの自家用タイプ。S-103・127・128・130・131の社番が与えられていた。

S-104（日産ディーゼルKC-UA440LSN）

同じく特定バスとして導入された中間尺のUAツーステップバス。前中折戸のS-102は川越で企業の従業員輸送に、前中4枚折戸のS-104は飯能で東野高校の学生輸送に使用された。

S-125（日産ディーゼルKC-UA460LSN）

同じく特定バスとして新製された中間尺のUAツーステップバス。前中引戸・銀枠2段窓で、車内は路線バスの用途外車に準じた仕様である。S-125・129の社番が与えられていた。

A8-539（いすゞKC-LV380N改）

1998年に初めて10台登場した中間尺のキュービック。エンジンは8PE1型、ホイールベースは5300mm。前中4枚折戸・黒枠逆T字型窓のワンステップバスで、スロープ板を装備している。

S-107（いすゞ KC-LV380N）

西武バスグループ25年ぶりのいすゞ車は特定バスにも採用された。川越に配置されたS-105～109で、前中4枚折戸・銀枠2段窓のツーステップバス。淑徳大学の学生輸送に活躍した。

S-123（三菱ふそうKC-MK219J）

前年に続いて特定バスに1台導入されたエアロミディ MKのKC-車。観光マスク・前中折戸・銀枠引き違い窓のツーステップバス。所沢に配置され、跡見学園の学生輸送に使用された。

S-126（日産ディーゼルKC-RM211ESN）

特定バスとして1台だけ採用された短尺のRMツーステップバス。前折戸・銀枠引き違い窓の富士8B型ボディで、補助ステップを装備している。福祉施設の送迎輸送に使用された。

A8-577（日産ディーゼルKC-RM211GSN）

前年に続いて増備された標準尺のRM。1998年は27台新製されたが、すべて前中引戸のツーステップバス。一部は西武観光バスに移籍し、メロディバス用のスピーカーが装着されている。

A8-493（日産ディーゼルKC-RN210CSN）

前年に引き続き導入された7m尺中型車のRN。前中折戸・黒枠逆T字型窓の富士8E型ボディで、中扉にスロープ板を装備している。2台が所沢市「ところバス」専用車として活躍した。

A8-504（日野KC-RX4JFAA）

1998年は4台新製された小型車のリエッセ。このうち、A8-504・505は狭山市福祉循環バス「茶の花号」の専用車。当初は川越に配置されたが、狭山が開設されたために転属した。

A8-560（日野KC-RX4JFAA）

同じリエッセのA8-506・560も川越に新製配置されたが、こちらは「川越シャトル」専用車として使用された。なお、1998年式のリエッセは4台とも中扉にリフトが装着されている。

S-110（日産KC-BW40）

特定バスとして1台新製されたシビリアンショートタイプ。標準ルーフのボディで、中折戸・銀枠引き違い窓・後面非常扉つき。川越に配置され、幼稚園の送迎輸送に使用された。

S-124（日産KC-RGW40）

特定バスとして1台新製されたシビリアンロングタイプ。ハイルーフのボディで、中折戸・銀枠引き違い窓・リーフサスである。所沢に配置され、企業の従業員輸送に使用された。

1852（日産KC-RAW40）

貸切バスとして1台在籍したシビリアンショートタイプ。ハイルーフのボディで、スイングドア・黒枠引き違い窓・エアサスである。西武観光バスが新製し、のちに西武バスに移籍した。

1844（日産ディーゼルKC-EN250DAN）

貸切バスとして2台採用されたスペースランナー7。ターボつきのFE6型エンジンをミッドシップレイアウト。ホイールベースは3650㎜、乗客定員は21人である。狭山に配置された。

1837（日産ディーゼルKC-JM250GAN）

貸切バスとして2台導入されたスペースランナーJM。エンジンはターボつきのFE6型、ホイールベースは4280㎜で、1998年式はスイングドアとなっている。乗客定員は27人である。

1841（日産ディーゼルKC-RA531RBN）

貸切バスとして1998年に初めて採用されたRG8型エンジンのスペースアロー。ボディはT字型窓の富士7M型。1831～1835・1841・1843・1846は55人乗り、1836は60人乗りである。

1832（日産ディーゼルKC-RA531RBN）

前述した貸切バスのスペースアローのうち、1831・1832は大宮羽田線開業後にワンマン改造を行い、高速バスに転用されている。大宮羽田線には当初、トイレのない車両が使用された。

1830（日産ディーゼルKC-RA531RBN）

後述する貸切バスのスペースウイングのうち、1829・1830は池袋前橋線開業後にワンマン改造を行い、高速バスに転用されている。2005年に西武バスは池袋前橋線から撤退した。

1828（日産ディーゼルKC-RA531RBN）

前年に続いて採用されたRG8型エンジンのスペースウイング。ボディはT字型窓の富士7S型。1828〜1830・1839は後部トイレつき48人乗りで、前述のとおり2台が高速バスとなった。

1826（日産ディーゼルKC-RA531RBN）

同じくRG8型エンジンのスペースウイング。ボディはT字型窓の富士7S型。こちらは乗客定員52人で、側窓は最後部までT字型。1825〜1827は練馬、1840は秩父に新製配置された。

1822（日産ディーゼルKC-RA550RBN）

前年に引き続き導入されたRH8型エンジンのスペースウイング。ボディは固定窓の富士7S型。後部トイレつき34人乗りで、1820〜1824・1838・1847が高速バスとして使用された。

1999（平成11）年の車両

　1999（平成11）年は中型・小型の一部に「平成10年排出ガス規制」適合のKK-車が登場した。一般路線バスは日産ディーゼルの大型・中型といすゞの大型を導入。コミュニティバスは日産ディーゼルRNと日野リエッセが投入された。高速バスはスペースウイングとスペースアローを採用。貸切バスはスペースウイング、スペースアロー、スペースランナー7、エアロミディMJが新製された。なお、3月に西武観光バスが練馬営業所を開設。7月には新たな西武自動車が創立され、12月から飯能所管路線の一部を譲受して運行を開始した。

1953（日産ディーゼルKC-RA550RBN）

高速バス南紀勝浦線の2代目車両として、1953・1954・1958が新製されたスペースウイング。経路上に高さ制限があったため、全高3.5mの特注仕様。中央トイレつき29人乗りである。

1961（日産ディーゼルKC-RA550RBN）

高速バス大阪線の2代目車両として、1959〜1961が新製されたスペースウイング。南紀勝浦線車両と同様、全高3.5mとされたが、こちらは固定窓。中央トイレつき29人乗りである。

1962（日産ディーゼルKC-RA531RBN）

貸切バスとして前年に引き続き増備されたRG8型エンジン搭載のスペースウイング。富士7S型ボディは標準仕様の全高3.6mである。52人乗りセミサロンの1962・1964が在籍した。

1956（日産ディーゼルKC-RA531RBN）

大宮成田線「ONライナー」の2代目車両として、1955・1956が新製されたスペースアロー。共同運行各社共通カラーで、直結式冷房装置を搭載。後部トイレつき41人乗りである。

1971（日産ディーゼルKC-RA531RBN）

貸切バスとして前年に続いて増備されたスペースアロー。スイングドア・T字型窓の富士7M型ボディが架装されたサブエンジン式冷房車。60人乗りの1963・1967～1971が在籍した。

1965（日産ディーゼルKC-EN250DAN）

貸切バスとして前年に引き続き1台だけ採用されたスペースランナー7。乗客定員は前年式と異なり、20人乗りとなっている。西武バスでは数少ない全長7m尺の貸切バスだった。

1966（三菱ふそうKC-MJ629F）

貸切バスとして1999年に1台だけ新製された7m尺中型車のエアロミディMJ。エンジン6D17型、ホイールベース3710mmのハイデッカーである。乗客定員20人のセミサロンである。

S-139（三菱ふそうKK-MK23HJ）

特定バスとして初めて1台導入されたエアロミディMKのKK-車。エンジン6M61型、ホイールベース4390mmのツーステップバス。KC-車と同様、跡見学園の学生輸送に使用された。

S-132（日産ディーゼルKC-RM211GSN）

西武総合企画が特定バスとして1台新製した標準尺中型車のRMツーステップバス。トップドア仕様ながら前面方向幕がある8E型ボディ。埼玉女子短期大学の学生輸送に使用された。

A9-614（日産ディーゼルKC-RM211GSN改）

1997年に続いて導入された標準尺中型車のRMワンステップバス。前中4枚折戸・銀枠2段窓の8E型ボディで、中扉にスロープ板を備備する。A9-610～614の5台が練馬に配置された。

A9-586（日産ディーゼルKC-RN210CSN）

引き続き増備された7m尺中型車のRNワンステップバス。前中折戸・黒枠逆T字型窓の8E型ボディで、中扉にスロープ板を装備。A9-584～586・588が「ところバス」に使用された。

A9-591(日産ディーゼルKC-UA460LSN)

同じく前年に続いて導入された中間尺のUAツーステップバス。A9-589 ～ 597・602・606 ～ 609・631は前中扉間が1人掛けシートで、後部の通風器はベンチレーターの一般タイプである。

A9-618(日産ディーゼルKC-UA460LSN)

引き続き導入された中間尺のUAツーステップバス。A9-598・617・618・632・653は貸切使用を考慮した用途外車で、2人掛けシート、網棚、日除けを装備するワンロマタイプである。

A9-622(日産ディーゼルKC-UA460LSN)

前年に続いて採用された中間尺のUAワンステップバス。1999年式は1997年式の一部と同じ中扉4枚折戸だが、扉幅が広がってスロープ板を装備。A9-619 ～ 622が新座に配置された。

A9-603(日産ディーゼルKC-UA460KAM)

前年に続いて導入された短尺のUAノンステップバス。冷房は富士重工のパッケージタイプ。A9-581 ～ 583が滝山、603・604が所沢、654 ～ 658が川越、663・664が小平に配置された。

A9-629（日産ディーゼルKC-UA460HSN）

引き続き増備された短尺のUAツーステップバス。都区内仕様の降車時間短縮対策が3扉からP-車と同じ中扉4枚折戸に変更された。A9-615・616・629・630が上石神井に配置された。

A9-599（日産ディーゼルKC-UA460NSN）

前年に続いて導入された長尺のUAツーステップバス。前中引戸・銀枠2段窓の7E型ボディは前年式と同じスタイルである。A9-599〜601が大宮に配置され、最後の長尺車となった。

S-135（日産ディーゼルKC-UA460LSN）

特定バスとして新製された中間尺のUAツーステップバス。前中引戸の7E型ボディは用途外車と同型であるが、側面表示器がない。S-135〜137が秋草学園の学生輸送に使用された。

S-131（日産ディーゼルKC-UA460LSN）

同じく特定バスとして新製された中間尺のUAツーステップバス。こちらは前扉仕様で両側2人掛けシートの自家用タイプ。S-130・131が埼玉女子短期大学の学生輸送に使用された。

A9-637（いすゞKC-LV380N改）

前年に続いて増備された中間尺のキュービックワンステップバス。ゼクセル製の冷房装置は前年式と同型である。A9-626〜628・637・638・645〜648が大宮と所沢に配置された。

A9-641（いすゞKC-LV380N）

初めて採用されたキュービックツーステップバス。前中引戸・銀枠2段窓で、冷房はビルトインタイプ。A9-624・625・635・636・639〜641・643・644が大宮と所沢に配置された。

S-134（いすゞKC-LV380N）

西武総合企画が前年に続いて導入したキュービックツーステップバス。ゼクセル製のビルトイン冷房装置は前年式と同型である。S-133・134が淑徳大学の学生輸送に使用された。

S-141（日産KK-BHW41）

西武総合企画が1999年に初めて1台採用したシビリアンのKK-車。エンジンTD42、ホイールベース3690mmのロングボディ。前面表示器を装備し、にいざ温泉の送迎に使用された。

2000（平成12）年の車両

　2000（平成12）年は「平成10年排出ガス規制」に適合した中型のKK-車、「平成11年排出ガス規制」に適合した大型のKL-車の導入が本格化した。とはいえ、新車導入が比較的少数にとどまったことが特徴と言える。一般路線車は日産ディーゼル製で大型のツーステップバスとノンステップバス、中型のツーステップバス、いすゞ製で大型のツーステップバスとワンステップバスを採用。いすゞ製には初めてエルガが登場した。高速車の新製は見送られており、貸切車には初めて富士1S型ボディのスペースウイングが導入されている。

AO-712（日産ディーゼルKL-UA272KAM）

2000年の下期に登場した短尺UAノンステップバスのKL-車。エンジンはMD92型、ホイールベースは4800mmで、ZF製のトルコンATを装備している。AO-709 〜 713が大宮に配置された。

AO-698（日産ディーゼルUA460KAM）

2000年の下期に採用された短尺ノンステップバス。UA460ながらMD92型エンジンが架装されたUA272の先行モデルで、型式に「KC-」がつかない。AO-698 〜 701が新座に配置された。

AO-691（日産ディーゼルKC-UA460KAM）

前年に続いて2000年の上期に増備された短尺UAノンステップバスのKL-車。エンジンはPG6型。AO-666 〜 674・687 〜 691が上石神井、605・659 〜 662・681 〜 686が滝山に配置された。

A0-714（日産ディーゼルKL-UA452KSN）

2000年の下期に1台だけ新製された短尺UAツーステップバスのKL-車。エンジンはPF6H型、ホイールベースは4800mmである。UA452の路線車としては唯一のリーフサス仕様である。

A0-702（日産ディーゼルKL-UA452MAN）

2000年の下期に初めて導入された中間尺UAワンステップバスのKL-車。ホイールベースは5300mmで、富士重工のパッケージ型冷房装置を搭載。A0-702・703が新座に配置された。

A0-680（日産ディーゼルKC-UA460HSN）

前年に引き続き2000年の上期に1台増備された短尺UAツーステップバスのKC-車。前中4枚折戸の都区内仕様。UA460は1998年式の一部からアイドリングストップ装置が装着された。

A0-675（日産ディーゼルKC-UA460LSN）

前年に続いて2000年の上期に導入された中間尺UAツーステップバスのKC-車。A0-675・676・679は新座・所沢・小平に配置された用途外車で、後部の通風装置も丸形ファンである。

A0-678（日産ディーゼルKC-UA460LSN改）

同じく前年に続いて2000年の上期に導入された中間尺UAワンステップバスのKC-車。前年式と同じ前中4枚折戸仕様で、中扉にスロープ板を装備。A0-677・678が小平に配置された。

S-161（日産ディーゼルKL-UA452PSN）

西武総合企画が特定車として1台新製した長尺UAツーステップバスのKL-車。長尺のKL-車はホイールベースが5800mmに延長されている。飯能で駿河台大学の学生輸送に使用された。

S-147（日産ディーゼルKC-UA460LSN）

西武総合企画が前年に続いて3台増備した中間尺UAツーステップバスのKC-車。路線車と同型の前中引戸のボディだが、側面表示器がない。尚美学園大学の学生輸送に使用された。

S-146（日産ディーゼルKK-RM252GSN）

西武総合企画が初めて1台採用したRMツーステップバスのKK-車。前折戸・銀枠引き違い窓の富士8B型ボディで、冷房装置はビルトインタイプ。川越で企業の従業員輸送に使用された。

A0-650（日産ディーゼルKK-RM252GSN）

2000年の下期に初めて導入されたRMツーステップバスのKK-車。エンジンはFE6F型、ホイールベースは4280mm、冷房装置はビルトインタイプ。A0-650～652が滝山に新製配置された。

A0-697（いすゞ KL-LV380N1）

2000年の下期に初めて登場した中間尺のエルガ。A0-695～697は全国的にも珍しいリーフリスのツーステップバスで、冷房はビルトインタイプ。所沢・川越・飯能に配置された。

A0-692（いすゞ KL-LV280N1）

同じ中間尺のエルガだが、エアサスのワンステップバス。エンジンは8PE1型、ホイールベースは5300mm。A0-692・706～708が川越、693・694が所沢、704・705が大宮に配置された。

S-143（いすゞ KC-LV380N）

西武総合企画が特定車として2台新製した中間尺のキュービック。前折戸・銀枠引き違い窓のツーステップバスで、2人掛けのハイバックシート。星野学園の学生輸送に使用された。

1074（日産ディーゼルKL-RA552RBN）

貸切バスに初めて採用された富士1S型ボディのスペースウイング。エンジンはRH8型、ホイールベースは6180mm。T字型窓の53人乗りセミサロンで、新製時には練馬に配置された。

2001（平成13）年の車両

　2001（平成13）年も引き続き大型のKL-車と小型のKK-車が導入されている。一般路線車は日産ディーゼル・いすゞの大型ノンステップバスとワンステップバスに加え、日産ディーゼルの大型CNGノンステップバスが初めて採用された。コミュニティバスには日野ポンチョが投入されている。高速車には富士1S型ボディのスペースウイング、空港連絡バスには富士1M型ボディのスペースアローを導入。貸切車でも1M型ボディのスペースアローが新製された。特定車には日産ディーゼルといすゞの大型ツーステップバスが採用されている。

1177（日産ディーゼルKL-RA552RBN）

高速バスとして2001年に初めて登場した富士1S型ボディのスペースウイング。7S型の仕様が引き継がれ、後部トイレつき34人乗りである。1175・1177〜1179の社番が与えられた。

1176（日産ディーゼルKL-RA552RBN）

2001年に初めて採用された富士1M型ボディのスペースアロー。貸切車は1176・1180・1181・1188・1189の5台で、側窓はT字型、冷房はサブエンジン式、乗客定員は60人である。

1184（日産ディーゼルKL-RA552RBN）

同じく高速車のスペースアローだが、1182～1184は所沢成田線に使用されたため、海外旅行者の荷物を考慮した直結式冷房＋ワイドトランク仕様。後部トイレつき45人乗りである。

1186（日産ディーゼルKL-RA552RBN）

高速車としても導入された富士1M型ボディのスペースアロー。1185・1186は2001年12月に開業した所沢羽田線の車両で、冷房はサブエンジン式。後部トイレつき49人乗りである。

A1-775（日産ディーゼルKL-UA452KAN改）

2001年に初めて採用されたCNGノンステップバス。エンジンはPU6型、ホイールベースは4800㎜。ディーゼル車とは異なり、前中扉間ノンステップのGタイプである。川越に配置された。

A1-746（日産ディーゼルKL-UA452MAN）

前年に引き続き導入された中間尺のUAワンステップバス。前中4枚折戸・黒枠逆T字型窓の富士7E型ボディで、KC-車とは異なり、後部の通風器も丸形になった。計15台が活躍した。

A1-735（日産ディーゼルKL-UA452KAN）

初めて登場した短尺のUAワンステップバス。前中4枚折戸・黒枠逆T字型窓の富士7E型ボディで、都区内仕様を継承した形である。A1-733〜735・740・741が上石神井に配置された。

A1-719（日産ディーゼルKL-UA272KAM）

前年に続いて増備された短尺のUAノンステップバス。ZF製のトルコンAT車で、中扉以降もノンステップのFタイプ。A1-718・719・755〜767が小平・滝山・上石神井に配置された。

S-175（日産ディーゼルKL-UA452MSN）

西武総合企画が所沢と川越に1台ずつ新製配置した中間尺のUAツーステップバス。リーフサス仕様で、冷房装置はビルトインタイプ。所沢のS-175は企業の従業員輸送に使用された。

S-172（日産ディーゼルKL-UA452PSN）

西武総合企画が前年に続いて1台導入した長尺のUAツーステップバス。前年式と同じ前中4枚折戸の7E型で、冷房はビルトインタイプ。飯能で駿河台大学の学生輸送に使用された。

A1-723（いすゞ KL-LV834L1）

2001年に初めて採用された短尺のエルガノンステップバス。エンジンは6HK1型、ホイールベースは4800mmで、ZF製のトルコンATを搭載。中扉以降もノンステップのtype-Bである。

A1-752（いすゞ KL-LV280N1）

前年に引き続き導入された中間尺のエルガワンステップバス。前中4枚折戸・黒枠逆T字型窓のいすゞボディを架装。冷房装置はゼクセル製である。大宮と川越に計9台配置された。

S-163（いすゞ KL-LV280N1）

西武総合企画が初めて新製したエルガ。中間尺のツーステップバスで、前折戸・銀枠引き違い窓の自家用タイプ。S-163・164・170の3台が星野学園のスクールバスに使用された。

A1-725（日野KK-RX4JFEA）

1999年に続いて2台導入されたリエッセのKK-車。前中折戸・銀枠引き違い窓で、中扉にリフトを装備。A1-725はA9-665とともに川越に新製配置。「川越シャトル」に使用された。

A1-726（日野KK-RX4JFEA）

A1-726も前中折戸・銀枠引き違い窓で、中扉にリフトを装備。川越に新製配置され、狭山市コミュニティバス「茶の花号」に使用されたが、狭山営業所が新設されたために転属した。

2002（平成14）年の車両

　2002（平成14）年も引き続きKL-車とKK-車が導入されている。一般路線バスは日産ディーゼルの大型車、中型ロングタイプ、中型車、いすゞの大型車を採用。コミュニティ系路線には日産ディーゼルの7m尺中型車、日野の小型車に加え、クセニッツの小型ノンステップバスが初めて投入された。高速バスは富士1S型ボディのスペースウイングを増備。貸切バスの新製は行われず、特定バスには日産ディーゼルの大型車、中型車、日産の小型車、いすゞの大型車が導入された。なお、4月に立川営業所、9月には狭山営業所が新設された。

A2-814（日産ディーゼルKL-JP252NAN）

初めて登場した日産ディーゼルの中型ロングタイプ。前中4枚折戸・黒枠逆T字型窓の西工ボディで、中扉にスロープ板を装備。多区間運賃仕様のA2-814・815は小平に配置された。

A2-824（日産ディーゼルKL-JP252NAN）

同じく中型ロングタイプのJP。エンジンはFE6型、ホイールベースは5560㎜、冷房装置はゼクセル製である。A2-824は均一運賃仕様で、側面表示器は前扉隣。練馬の路線で活躍した。

A2-853（日産ディーゼルKL-UA452KAN改）

引き続き採用された日産ディーゼルのCNGノンステップバス。前中扉間がノンステップのGタイプで、冷房は富士重工のパッケージタイプ。A2-853の社番で川越に配置された。

A2-823（日産ディーゼルKL-UA452KAN）

前年に続いて導入された短尺のUAワンステップバス。前中4枚折戸のボディは前年式と同じであるが、2002年式は多区間運賃仕様。A2-823・843～845が滝山（西原）に配置された。

S-194（日産ディーゼルKL-UA452MSN）

西武総合企画が特定車として新製した中間尺のUAツーステップバス。リーフサス仕様で、側面表示器がない。S-181は秋草学園、194は日大芸術学部の学生輸送に使用されていた。

A2-807（日産ディーゼルKL-UA452MAN）

前年に続いて増備された中間尺のUAワンステップバス。多区間運賃仕様で、A2-790が飯能、806・807が小平、808・809・821・822が滝山、810・811・838・839が新座に配置された。

A2-791（日産ディーゼルKL-UA272KAM）

引き続き採用されたUAのノンステップバス。中扉以降もノンステップのFタイプ。均一運賃仕様の8台が上石神井、多区間運賃仕様の21台が小平・滝山・所沢・新座に配置された。

A2-840（日産ディーゼルKK-RM252GAN）

2002年に初めて採用されたRMのワンステップバス。エンジンはFE6F型、ホイールベースは4280mm。前中引戸・黒枠逆T字型窓の西工ボディ。新製は1台のみで、滝山に配置された。

A2-834（日産ディーゼルKK-RM252GSN）

同じく2002年に初めて導入されたRMのワンステップバスだが、こちらは富士ボディのリーフサス車。冷房はデンソー製。上石神井に2台配置され、A2-834は高原バスに移籍した。

S-180（日産ディーゼルKK-RM252GSN）

西武総合企画が2000年に続いて3台新製したRMのツーステップバス。2000年式とはスタイルが違い、前中折戸・黒枠逆T字型窓である。S-177・178が飯能、180が川越に配置された。

A2-795（日産ディーゼルKK-RN252CSN）

2002年に初めて採用されたRNワンステップバスのKK-車。エンジンはFE6F型、ホイールベースは3400mmで、西工ボディを架装。A2-794・795が西東京市「はなバス」に使用された。

S-193（日産KK-BVW41）

西武総合企画が2002年と2003年に1台ずつ新製したシビリアン標準ボディのKK-車。エンジンTD42型、ホイールベース3310mmのリーフサス車。西友関連の契約輸送に使用された。

A2-788（いすゞ KL-LV834L1）

前年に続いて12台導入された短尺のエルガノンステップバス。このうち、川越に新製配置されたA2-788・789は冷房装置がデンソー製である。のちに2台揃って狭山に転属している。

A2-854（いすゞ KL-LV834L1）

同じく短尺のエルガノンステップバスで、ZF製のトルコン式ATを装備し、中扉以降もノンステップのtype-B。ゼクセル製冷房装置の10台は川越・狭山・大宮・飯能に配置された。

A2-819（いすゞ KL-LV280N1）

前年に引き続き増備された中間尺のエルガワンステップバス。ゼクセル製冷房装置のMT車である。A2-816・817が所沢、818〜820が川越、835・836が大宮、837が飯能に配置された。

S-183（いすゞ KL-LV280N1）

西武総合企画が前年に引き続き導入した中間尺のエルガツーステップバス。冷房装置はゼクセルのビルトインタイプ。S-182・183・195が星野学園のスクールバスに使用された。

1293（日産ディーゼルKL-RA552RBN）

前年に引き続き新製された富士1S型ボディのスペースウイング。固定窓仕様の高速車で、後部トイレつき34人乗り。1290〜1296の社番で就役し、高速車最後の富士ボディとなった。

A2-799（クセニッツCITYⅡ）

初めて採用されたオーストリア・クセニッツ製のフロントエンジンFFのノンステップバス。CityⅡはホイールベース3820mm。A2-797 ～ 799が西東京市「はなバス」に使用された。

A2-796（日野KK-RX4JFEA改）

前年に続いて導入されたリエッセのKK-車。A2-796はCNG改造車で、室内最後部に燃料タンクを搭載。田無市と保谷市が合併して誕生した西東京市の「はなバス」に使用された。

A2-800（日野KK-RX4JFEA）

同じくリエッセのKK-車で、2002年式のディーゼル車は6台在籍。いずれも笹バスカラーで練馬に配置され、光が丘循環線に使用されていたが、のちにA2-805が小平に転属した。

A2-874（日野KK-RX4JFAA改）

同じくリエッセのKK-車で、A2-873・874はCNG改造車。ただし燃料タンクは屋根上中央に搭載され、上記のA2-796とはスタイルが異なる。東村山市「グリーンバス」に使用された。

S-173（日野KL-HU2PMEA）

西武総合企画に1台在籍したブルーリボンシティのツーステップバス。エンジンはP11C型、ホイールベースは5200mm。東野高校から引き継いだもので、西武では異色の存在だった。

2003（平成15）年の車両

　2003（平成15）年もKL-車とKK-車が導入されている。一般路線バスは日産ディーゼル・いすゞの大型車、日産ディーゼルの中型ロングタイプ、中型車を採用。コミュニティバスは日産ディーゼル・日野の7m尺中型車、日野・三菱・クセニッツの小型車が投入された。高速バスはスペースウイングとスペースアローを採用。貸切バスのスペースアローも新製された。特定バスは日産ディーゼル・いすゞの大型車、日産ディーゼル・三菱の中型車、日産の小型車が導入された。なお、下期から日産ディーゼルの全車種が西工ボディとなっている。

A3-938（日産ディーゼルKL-UA272KAM改）

2003年に初めて登場したUAノンステップバスのNタイプ。ボディが西工製になるとともにエンジンをPF6H型に変更し、室内有効長を延長している。小平・滝山に計10台配置された。

A3-885（日産ディーゼルKL-UA272KAM）

引き続き増備されたUAノンステップバスのFタイプ。富士ボディ最後のノンステップバスとして11台が就役。Nタイプ・Fタイプともに、中扉以降もノンステップのAT車だった。

A3-872（日産ディーゼルKL-UA452KAN改）

前年に続いて導入された短尺のCNGノンステップバス。こちらは前中扉間がノンステップのGタイプである。CNG車もこれが最後の富士ボディで、川越に2台、所沢に1台配置された。

A3-876（日産ディーゼルKL-UA452KAN）

前年に続いて新製された短尺のUAワンステップバス。前中4枚折戸の富士ボディは前年式と同じだが、2001年式と同じ均一運賃仕様となった。都区内の上石神井に3台配置された。

A3-841（日産ディーゼルKL-UA452KAN）

2003年に初めて採用された西工ボディで短尺のUAワンステップバス。前中4枚折戸・黒枠逆T字型窓で、冷房装置はサーモキング製。多区間運賃仕様のA3-841は滝山に配置された。

A3-891（日産ディーゼルKL-UA452KAN）

同じく初登場となる西工ボディの短尺UAワンステップバス。A3-891も前中4枚折戸・黒枠逆T字型窓で、サーモキング製の冷房だが、側面表示器が前扉隣にある均一運賃仕様である。

A3-897（日産ディーゼルKL-UA452KAN）

同じく初めて採用された西工ボディの短尺UAワンステップバス。A3-897は前中引戸・黒枠逆T字型窓で、冷房装置はデンソー製。側面表示器が戸袋前にある多区間運賃仕様である。

A3-921（日産ディーゼルKL-UA452KAN改）

西工ボディのUAノンステップバスのGタイプ。前中扉間ノンステップのディーゼル車は初登場。冷房はサーモンキング製。練馬・上石神井・新座・滝山・小平に計20台配置された。

S-204（日産ディーゼルKL-UA452MSN）

西武総合企画が特定バスとして1台新製した中間尺のUAツーステップバス。スタイルは前年式と同一。秋草学園の学生輸送に使用された特定バス最後の富士ボディ架装車であった。

A3-894（日産ディーゼルKL-UA452MAN）

前年に続いて導入された富士ボディの中間尺UAワンステップバス。前中4枚折戸の多区間運賃仕様で、冷房は富士重工のパッケージタイプ。2003年は1台だけ所沢に配置された。

A3-899（日産ディーゼルKL-UA452MAN）

2003年に初めて採用された西工ボディの中間尺ワンステップバス。A3-899・900・910・911は前中引戸で、冷房装置はデンソー製の大型タイプ。立川と滝山に2台ずつ配置された。

A3-903（日産ディーゼルKL-UA452MAN）

同じく初めて採用された西工ボディの中間尺ワンステップバス。A3-901～903・918・919は前中引戸の多区間運賃仕様で、冷房装置はサーモキング製。いずれも新座に配置された。

A3-951（日産ディーゼルKL-UA452MAN）

同じく初めて採用された西工ボディの中間尺ワンステップバス。A3-951～955は前中引戸の多区間運賃仕様で、冷房はデンソー製の小型タイプ。滝山に4台、立川に1台配置された。

S-203（日産ディーゼルKL-UA452MAN）

西武総合企画が特定バスとして1台新製した西工ボディの中間尺UAツーステップバス。前中引戸・黒枠逆T字型窓で、冷房はビルトインタイプ。東野高校の学生輸送に使用された。

A3-892（日産ディーゼルKL-JP252NAN）

前年に続いて導入された中型ロングタイプのJPワンステップバス。A3-892は前年式と同じ前中4枚折戸で、冷房はサーモキング製。所沢に新製配置された多区間運賃仕様である。

A3-915（日産ディーゼルKL-JP252NAN）

同じく中型ロングタイプのJPワンステップバス。A3-898・915は初めて採用された前中引戸だが、冷房は他車と同じサーモキング製。小平に新製配置された多区間運賃仕様である。

1306（日産ディーゼルKK-RM252GAN）

前年に引き続き導入された中型のRMワンステップバス。冷房装置はサーモキング製である。多区間運賃仕様のA3-916・930として所沢に配置され、916は貸切車1306に転用された。

S-211（日産ディーゼルKK-RM252GSN）

西武総合企画が3台新製した西工ボディのRMツーステップバス。前面1枚窓で、前面窓内に方向幕があるS-209は駿河台大学の学生輸送、210・211は企業の従業員輸送に使用された。

A3-904（日産ディーゼルKK-RN252CSN）

前年に続いて採用された7m尺中型車のRNワンステップバス。2003年式は多区間運賃仕様で、側面表示器の位置が前年式とは異なっている。入間市の福祉施設の送迎に使用された。

A3-917（いすゞ KL-LV280L1改）

短尺エルガノンステップバスのtype-A。前中扉間ノンステップのエルガは初登場。ホイールベースは4800㎜、冷房はサーモキング製。飯能・所沢・大宮・川越に計10台配置された。

A3-884（いすゞ KL-LV280N1）

前年に続いて増備された中間尺のエルガワンステップバス。前中4枚折戸・多区間運賃仕様のスタイルは前年式と同じで、冷房はサーモキング製。A3-883・884が大宮に配置された。

S-207（いすゞ KL-LV280N1）

西武総合企画が前年に引き続き新製した中間尺のエルガツーステップバス。冷房装置はサーモキングのビルトインタイプ。S-205～207が星野学園のスクールバスに使用された。

A3-959（クセニッツCITY I ）

前年に引き続き導入されたクセニッツのフロントエンジンFFのノンステップバス。2003年式はホイールベース3320㎜のCITY I 。A3-959～961が小平市「にじバス」に使用された。

A3-950（日野KK-HR1JEEE改）

2003年式が1台だけ在籍した7m尺中型車のレインボー HR。エンジンはJ08C、ホイールベースは3550㎜で、CNG改造が施されている。朝霞市内循環バス「わくわく号」に使用された。

A3-895（日野KK-RX4JFEA改）

前年に続いて採用されたリエッセのKK-車。屋根上後部に燃料タンクを載せたCNG車。A3-895・896がブルートレインカラーをまとい、さいたま市のコミュニティバスに使用された。

A3-881（三菱ふそうKK-ME17DF改）

2003年式が3台在籍したエアロミディ ME。エンジンは4M50型、ホイールベースは3560㎜で、CNG改造が施されている。小平に配置され、東大和市「ちょこっとバス」に使用された。

S-216（三菱ふそうKK-MK23HJ）

西武総合企画が1999年に続いて2台新製したエアロミディ MKツーステップバスのKK-車。観光マスク・前中折戸と桜のデザインを踏襲し、跡見学園の学生輸送用として使用された。

1303（日産ディーゼルKL-RA552RBN）

前年に続いて新製されたスペースウイング。ただし2003年から西工SD-Ⅱ型ボディが架装された。1301～1305は中央トイレつき29人乗りで、床下に仮眠室を備えた夜行仕様である。

1397（日産ディーゼルKL-RA552RBN）

同じく西工SD-Ⅱ型ボディが架装されたスペースウイング。1397は後部トイレつき34人乗りの関越高速バス仕様で、夜行仕様と同じ固定窓だが、床下のトランクが2スパンである。

1398（日産ディーゼルKL-RA552RBN）

貸切バスとして2001年に続いて導入されたスペースアロー。こちらも西工C-Ⅰ型ボディが架装されたため、スタイルが一変している。60人乗りの1398・1399が狭山に配置された。

1300（日産ディーゼルKL-RA552RBN）

2003年に1台だけ採用された空港連絡バスのスペースアロー。貸切バスと同じ西工C-Ⅰ型ボディだが、直結式冷房と3スパンのトランクを装備。後部トイレつきの50人乗りである。

2004（平成16）年の車両

　2004（平成16）年もKL-車とKK-車が導入され、中型車・小型車の一部が「平成16年排出ガス規制」適合のPB-車となった。一般路線バスは日産ディーゼル・いすゞの大型車を採用。ノンステップバスは前中扉間ノンステップに統一された。コミュニティバスは日産ディーゼルの中型車、日野の7m尺中型車と小型車を導入している。高速バスはスペースウイングと空港用のスペースアローを新製。貸切バスもスペースウイングとスペースアローが導入された。特定バスは日産ディーゼルの大型車・中型車、いすゞの大型車、日野の小型車が採用された。

1423（日産ディーゼルKL-RA552RBN）

高速車として前年に引き続き採用された西工SD-Ⅱ型ボディのスペースウイング。独立3列シートの29人乗りで、中央階下にトイレがあった。1420〜1423の4台が大宮に配置された。

1411（日産ディーゼルKL-RA552RBN）

同じく前年に続いて導入された西工SD-Ⅱ型ボディのスペースウイング。練馬に配置された1410・1411・1414・1415・1417〜1419は4列シート34人乗りで、最後部にトイレがある。

1407（日産ディーゼルKL-RA552RBN）

貸切車として初めて採用された西工SD-Ⅱ型ボディのスペースウイング。乗客定員47人のセミサロンで、補助席が2席あるためT字型窓である。新製は1台のみで、狭山に配置された。

1409（日産ディーゼルKL-RA552RBN）

貸切車として前年に続いて導入された西工C-Ⅰ型ボディのスペースアロー。冷房はサブエンジン式である。乗客定員は1406・1412・1413が55人、1424が58人、1408・1409が60人。

1416（日産ディーゼルKL-RA552RBN）

空港連絡バスとして所沢に1台だけ配置された西工C-Ⅰ型ボディのスペースアロー。冷房は直結式で、3スパンのワイドトランクを装備している。後部トイレつきの50人乗りである。

A4-32（日産ディーゼルPB-RM360GAN）

2004年に初めて登場したRMノンステップバスのPB-車。エンジンは日野製のJ07E型、ホイールベースは4300㎜で、ボディは西工B-Ⅰ型。A4-32・33が「ところバス」に使用された。

S-497（日産ディーゼルKK-RM252GAN）

前年に続いて導入されたRMワンステップバスのKK-車。ボディは西工B-Ⅰ型、冷房装置はサーモキング製である。A4-971・981として新製されたが、971は特定車のS-497となった。

S-243（日産ディーゼルKL-UA452MAN）

西武総合企画が特定車として新製したUAツーステップバスのKL-車。S-240・241・243は前中4枚折戸の西工E-Ⅱ型ボディが架装された。跡見学園の学生輸送用として使用された。

A4-990（日産ディーゼルKL-UA452MAN）

前年に引き続き増備された中間尺のUAワンステップバス。A4-974・990は前中4枚折戸の西工B-Ⅰ型ボディ。冷房はデンソー製で、側面表示器が前扉隣にある均一運賃仕様だった。

A4-19（日産ディーゼルKL-UA452MAN）

同じく中間尺のUAワンステップバス。A4-967～970・972・973・976・985・19～21は前中引戸の西工B-Ⅰ型ボディ。冷房はデンソー製で、側面表示器が戸袋前にある多区間運賃仕様。

A4-25（日産ディーゼルKL-UA452KAN）

前年に続いて導入された短尺のUAワンステップバス。A4-984・992・993・24～26・30・31は前中4枚折戸の西工B-Ⅰ型ボディを架装。側面表示器が前扉隣にある均一運賃仕様である

A4-975（日産ディーゼルKL-UA452KAN）

こちらも同じ短尺のUAワンステップバス。A4-975・994は前中引戸の西工B-Ⅰ型ボディが架装され、冷房はデンソー製である。側面表示器が戸袋前にある多区間運賃仕様である。

A4-6（日産ディーゼルKL-UA452KAN改）

前年に続いて増備された短尺UAノンステップバスのGタイプ。冷房装置はA4-977～980・986・991・1・2・6～9・34・35がデンソー製、A4-995・996がサーモキング製である。

A4-962（日産ディーゼルKL-UA452改）

前年に引き続き採用された短尺UAのCNGノンステップバス。CNG車は2004年から西工ボディだが、ディーゼル車と窓配置が異なる。A4-962・964～966・22・23の社番が与えられた。

A4-12（いすゞKL-LV280L1改）

前年に続いて導入された短尺エルガノンステップバスのKL-車。ボディスタイルは前年式と同一で、冷房装置はサーモキング製。A4-997・998・12～14が大宮と飯能に配置された。

A4-982（いすゞKL-LV280N1）

前年に続いて増備された中間尺エルガワンステップバスのKL-車。2004年式は中扉が引戸に変更された。A4-982・983・987～989・15～18が川越・狭山・飯能・大宮に配置された。

S-237（いすゞKL-LV280N1）

西武総合企画が前年に続いて1台導入した中間尺のエルガツーステップバス。星野学園用の特定車は2012年にデザインが変更され、在来車にも新デザインのラッピングが施されている。

A4-5（日野KK-HR1JEEE改）

前年に続いて1台採用された7m尺中型車のレインボーHR。前年式と同じCNG改造車で、同じ朝霞市内循環バス「わくわく号」用だが、使用路線が違うためカラーリングが異なっている。

A4-999（日野KK-RX4JFEA）

前年に続いて増備されたリエッセのKK-車。中折戸（グライドスライドドア）にリフトを装備し、2004年式はディーゼル車となった。A4-999が西東京市「はなバス」に使用された。

S-244（日野PB-RX6JFAA）

西武総合企画が初めて採用したリエッセのPB-車。エンジンはJ05D型、ホイールベースは3550㎜で、路線車と同じように中扉にリフトを装備。医療施設の送迎輸送に使用されていた。

2005（平成17）年の車両

　2005（平成17）年は上期にKL-車・KK-車が導入されたが、下期は「平成16年排出ガス規制」適合のPJ-車・PB-車・PA-車、一部が「平成17年排出ガス規制」適合のADG-車となった。一般路線バスは日産ディーゼル・いすゞの大型・中型、日野の小型を採用。高速バスはスペースウイングとスペースアロー、貸切バスはスペースアローが増備された。なお、6月には高野台営業所が新設された。筆者が3回目に西武バスを取材したのは2023年の夏で、当時の最古参車は2005年式だった。このため、ここからは2023年取材時の写真も紹介する。

A5-80（日産ディーゼルADG-RA273KAN）

2005年に初めて登場したスペースランナーRAのADG-車。短尺ノンステップバスのA5-78～80・84・85・91～93・98～102・106～109・124～126・129～131は冷房がデンソー製である。

A5-104（日産ディーゼルADG-RA273KAN）

同じくスペースランナーRAのADG-車で、短尺のノンステップバス。エンジンはMD92型、ホイールベースは4800㎜である。A5-95～97・103・104・127は冷房がサーモキング製である。

A5-86（日産ディーゼルADG-RA273MAN）

初めて採用された中間尺スペースランナー RAワンステップバスのADG-車。ホイールベースは5300㎜、冷房はデンソー製である。A5-81・82・86は前中引戸の多区間運賃仕様だった。

A5-83（日産ディーゼルADG-RA273MAN）

同じく中間尺スペースランナー RAワンステップバスのADG-車。尿素SCRシステムにより、いち早く新規制に適合。A5-83は前中4枚折戸で、側面表示器が前扉隣の均一運賃仕様である。

A5-46（日産ディーゼルKL-UA452KAN改）

前年に続いて導入された短尺UAノンステップバスのKL-車。冷房はデンソー製。A5-41・44 ～ 48は均一運賃仕様、50 ～ 53は多区間運賃仕様だが、側面表示器はともに戸袋前にある。

A5-63（日産ディーゼルKL-UA452MAN）

前年に引き続き増備された中間尺UAワンステップバスのKL-車。前中引戸の西工B-Ⅰ型ボディで、冷房装置はデンソー製である。用途外車のA5-61・63が川越・狭山に配置された。

S-252（日産ディーゼルKL-UA452MAN）

西武総合企画が前年に続いて新製した中間尺UAツーステップバスのKL-車。S-246 ～ 253は前中引戸の西工B-Ⅰ型ボディ。狭山に配置された西武文理グループのスクールバスである。

S-260（日産ディーゼルKL-UA452MAN）

同じく中間尺UAツーステップバスのKL-車。S-257・259・260は前中4枚折戸の西工B-Ⅰ型ボディ。えんじ色の早稲田大学カラーをまとい、所沢キャンパスの学生輸送に使用された。

S-261（日産ディーゼルKL-UA452MAN）

同じく中間尺UAツーステップバスのKL-車。S-261は前年式と同じ前中4枚折戸の西工E-Ⅱ型ボディ。MKのときから続く桜を散らしたデザインで、跡見学園の学生輸送に使用された。

S-262（日産ディーゼルPB-RM360HAN改）

西武総合企画が2005年に初めて採用したRMツーステップバスのPB-車。ホイールベース4400㎜のH尺は、ツーステップバスだけの型式。ザ・モールみずほの送迎に1台が使用された。

1502（日産ディーゼルPB-RM360GAN改）

2005年に初めて導入されたRMワンステップバスのPB-車。A5-59は前中4枚折戸の西工B-Ⅰ型ボディで、冷房装置はデンソー製。のちに練馬から小平に転属し、貸切車に転用された。

A5-57（日産ディーゼルPB-RM360GAN）

同じく初めて採用されたRMワンステップバスのPB-車。A5-57・60は前中引戸の西工B-Ⅰ型ボディで、冷房装置はデンソー製。のちに60は貸切車に転用され、1501に改番されている。

A5-56（日産ディーゼルPK-JP360NAN改）

2005年式の3台だけが在籍した10.5m尺のJPワンステップバスのPB-車。このうちA5-56は前中4枚折戸で、冷房装置はデンソー製。側面表示器が前扉隣にある均一運賃仕様である。

A5-58（日産ディーゼルPK-JP360NAN）

JPワンステップバスのPB-車は、エンジンがJ07E型、ホイールベースが5560㎜である。A5-58・110は前中引戸で、冷房装置はサーモキング製。側面表示器は戸袋前に設置されている。

S-258（日産PA-ACW41）

西武総合企画が2005年に初めて1台新製したシビリアン標準ボディのPA-車。エンジンは4M50型、ホイールベースが3310㎜で、エアサス仕様。早稲田大学の学生輸送に使用された。

S-256（日産PA-AVW41）

こちらも初めて1台採用されたシビリアン標準ボディのPA-車。リーフサス仕様の幼児車で、後面に非常扉が設置されている。ライオンズカラーで、さやま幼稚園の園児送迎に使用された。

1525（日産ディーゼルKL-RA552RBN）

前年に続いて導入されたスペースアロー。1525・1526は58人乗り、1530〜1532は55人乗りの貸切車。1527・1528は直結式冷房で、後部トイレつき50人乗りの空港連絡バスだった。

A5-89（日野PB-RX6JFAA）

前年の特定車に続いて導入されたリエッセのPB-車。中扉にリフトを装備する。A5-87〜90が上石神井の所管路線で使用されたが、のちに87〜89が「川越シャトル」に転用された。

A5-112（いすゞ PA-LR234J1）

2005年に初めて登場したエルガミオ。ワンステップのPA-車である。エンジンは6HK1型、ホイールベースは4400㎜。A5-111・112が狭山・川越で活躍し、西武観光バスに移籍した。

A5-55（いすゞ KL-LV280L1改）

前年に引き続き増備された短尺エルガノンステップバスのKL-車。ボディスタイルは前年式と変わっておらず、冷房はサーモキング製である。A5-40・54・55が川越に新製配置された。

S-254（いすゞ KL-LV280N1）

西武総合企画が前年に続いて増備した中間尺エルガツーステップバスのKL-車。前折戸・銀枠引き違い窓のスタイルは同じで、S-254・255が星野学園のスクールバスとして使用された。

A5-64（いすゞ PJ-LV234N1）

2005年に初めて採用された中間尺エルガワンステップバスのPJ-車。エンジンは6HK1型、ホイールベースは5300㎜である。A5-62・64 ～ 67の5台が川越・大宮・飯能に配置された。

A5-74（いすゞ PJ-LV234L1）

2005年に初めて登場した短尺エルガノンステップバスのPJ-車。KL-車とは異なり、デンソー製の冷房装置が搭載されている。A5-70 ～ 75の6台が川越・狭山・大宮に配置された。

2006（平成18）年の車両

　2006（平成18）年は「平成16年排出ガス規制」適合のPJ-車・PB-車・PA-車、「平成17年排出ガス規制」適合のADG-車・PKG-車が導入された。一般路線バスは日産ディーゼル・いすゞの大型・中型、日野の小型を採用。日野ポンチョが初めて登場した。高速バスはスペースウイングとスペースアローに加えいすゞガーラ、貸切バスはスペースアローに加えガーラ・ガーラミオと日野セレガが初めて導入された。特定バスは日産ディーゼル・日産・いすゞ製が採用された。3月には西武総合企画の高野台営業所・芝営業所が開設されている。

1647（いすゞ PKG-RU1ESAJ）

2006年下期に採用されたガーラハイデッカーのPKG-車。1647は固定窓仕様で、中央トイレつき29人乗りの夜行高速車である。練馬に新製配置され、のちに観光の大宮に転属した。

1654（いすゞ PKG-RU1ESAJ）

同じく2006年下期に新製されたガーラハイデッカーのPKG-車。エンジンはE13C型、ホイールベースは6080㎜である。1654はT字型窓仕様で、58人乗りの貸切車。大宮に配置された。

1643（いすゞ ADG-RU1ESAJ）

2006年上期に登場したガーラハイデッカーのADG-車。1643・1644は固定窓仕様で、後部トイレつき34人乗りの高速車。写真はレジェンドカラーに塗り替えられたあとに撮影した。

1637（いすゞ ADG-RU1ESAJ）

2006年上期に導入されたガーラハイデッカーのADG-車。1637はT字型窓仕様で、57人乗りの貸切車である。大宮に配置された。ガーラとセレガの導入は、当時のファンを驚かせた。

1636（日野ADG-RU1ESAA）

2006年上期に採用されたセレガのADG-車。スイングドア・T字型窓で、屋根に至るアクセントラインのハイデッカー。57人乗りの貸切車で、1635・1636が練馬・狭山に配置された。

1653（日野PKG-RU1ESAA）

2006年下期に1台新製されたセレガのPKG-車。エンジンはE13C型、ホイールベースは6080㎜。屋根まで続くアクセントラインのT字型窓。58人乗りの貸切車として狭山に配置された。

1650（日産ディーゼルPKG-RA274RBN改）

2006年下期に導入されたスペースアローのPKG-車。1641は50人乗りの高速車、1648 ～ 1650は48人乗りの貸切車。左後部に尿素水タンクがあるため、トイレが右後部に設置された。

1651（日産ディーゼルPKG-RA274RBN改）

下期に新製されたスペースウイングのPKG-車。トルコンATを装備。1651・1652は右後部トイレつき34人乗りの高速車。写真はレジェンドカラーに塗り替えられたあとに撮影した。

1640（日産ディーゼルADG-RA273RBN改）

上期に3台新製されたスペースウイング。エンジンはMD92型、ホイールベースは6150㎜。尿素SCRシステムを搭載するZF製のトルコンAT車。中央トイレつき28人乗りの高速車である。

A6-136（日野PB-RX6JFAA）

前年に引き続き1台だけ採用されたリエッセのPB-車。前中折戸・黒枠引き違い窓・中扉リフトつきの仕様は前年式と同じである。前年式の4台と同様、上石神井の所管路線に使用された。

A6-169（日野ADG-HX6JLAE）

2006年に初めて登場したポンチョ。2枚扉のロングタイプで、エンジンはJ05D型、ホイールベースは4825㎜。MT仕様となっている。A6-168 ～ 170が清瀬市「きよバス」に使用された。

A6-143（いすゞ PJ-LV234L1）

前年に続いて10台新製された短尺エルガノンステップバス。A6-156～158は中扉以降が左1人掛け、右2人掛けの配置で、156・157は側面表示器が前扉隣にある都区内仕様である。

S-273（いすゞ PJ-LV234N1）

西武総合企画が初めて導入した中間尺エルガツーステップバスのPJ-車。星野学園のスクールバスに使用されたS-273は、前折戸・銀枠引き違い窓で、冷房がデンソー製に変更された。

S-274（いすゞ PJ-LV234N1改）

同じく中間尺エルガツーステップバスのPJ-車。所沢で日販所沢流通センターの従業員輸送に使用されているS-274は、前中引戸・銀枠引き違い窓で、側面表示器が設置されている。

S-275（いすゞ PJ-LV234N1改）

こちらも中間尺エルガツーステップバスのPJ-車。川越でイワキの従業員輸送に使用されているS-275も、前中引戸・銀枠引き違い窓だが、側面表示器がない自家用スタイルである。

S-277（いすゞ PJ-LV234N1）

西武総合企画が初めて採用した中間尺エルガワンステップバスのPJ-車。前中引戸・黒枠逆T字型窓である。S-276・277が当初は立教大学、現在は東野高校の学生輸送を行っている。

A6-155（いすゞ PA-LR234J1）

前年に引き続き導入されたエルガミオのPA-車。ただし2006年式からノンステップバスに変更された。冷房装置はデンソー製。所沢・大宮・川越・狭山に計7台が新製配置された。

1645（いすゞ PB-RR7JJAJ）

2006年に初めて登場したガーラミオのPB-車。エンジンはJ07E型、ホイールベースは4490㎜。乗客定員は座席33人＋立席13人＝46人である。1645・1646の2台が所沢に配置された。

S-294（日産PA-AJW41）

西武総合企画が前年に続いて導入したシビリアンのPA-車。2006年式はホイールベース3690㎜のロングボディでエアサス仕様。S-294～296が西武百貨店の来客輸送を担当している。

A6-126（日産ディーゼルADG-RA273KAN）

前年に続いて増備された短尺スペースランナー RAノンステップバスのADG-車。尿素SCRシステムが搭載され、冷房装置はデンソー製。上石神井と所沢に各1台、立川に2台配置された。

A6-129（日産ディーゼルADG-RA273KAN改）

初めて登場した短尺スペースランナー RAワンステップバスのADG-車。前中4枚折戸で、側面表示器は前扉隣。A6-129 ～ 131が上石神井に配置され、129は座席配置が後部1+2型である。

A6-118（日産ディーゼルADG-RA273MAN）

前年に引き続き導入された中間尺スペースランナー RAワンステップバスのADG-車。前中引戸の西工B-Ⅰ型ボディ。冷房がサーモキング製のA6-116 ～ 119・134は新座に配置された。

A6-133（日産ディーゼルADG-RA273MAN）

同じく増備された中間尺スペースランナー RAワンステップバスのADG-車。尿素SCRシステムが搭載されている。冷房がデンソー製のA6-113 ～ 115・132・133は小平と滝山に配置。

S-278（日産ディーゼルADG-RA273MAN改）

西武総合企画が2006年に初めて採用した中間尺スペースランナー RAツーステップバスのADG-車。早稲田大学の学生輸送用だったS-278は、前中4枚折戸の西工B-Ⅰ型ボディである。

S-280（日産ディーゼルADG-RA273MAN）

同じく初めて導入された中間尺スペースランナー RAツーステップバスのADG-車。西武文理グループの学生輸送を行うS-279 ～ 284は、前中引戸の西工B-Ⅰ型ボディが架装されている。

S-292（日産ディーゼルADG-RA273MAN改）

同じく初めて採用された中間尺スペースランナー RAツーステップバスのADG-車。跡見学園の学生輸送用のS-292は、前中4枚折戸の西工E-Ⅱ型ボディ。冷房はサーモキング製である。

S-298（日産ディーゼルADG-RA273MAN）

こちらも初めて導入された中間尺スペースランナー RAツーステップバスのADG-車。J.CITYの来客輸送用のS-297 ～ 299は、前中引戸の西工E-Ⅱ型ボディ。冷房はデンソー製である。

A6-139（日産ディーゼルPKG-RA274KAN）

2006年下期に初めて登場した短尺スペースランナーRAノンステップバスのPKG-車。エンジンはMD92型、ホイールベースは4800mm。新座配置のA6-139は冷房がサーモキング製。

A6-152（日産ディーゼルPKG-RA274KAN）

同じく初めて新製された短尺スペースランナーRAノンステップバスのPKG-車。尿素SCRシステムが搭載されている。練馬・上石神井・滝山・小平に配置された8台は冷房がデンソー製。

A6-162（日産ディーゼルPKG-RA274MAN）

こちらも2006年下期に初めて採用された中間尺スペースランナーRAワンステップバスのPKG-車。冷房は新座のA6-154がサーモキング製、滝山の148、小平の161・162がデンソー製。

A6-128（日産ディーゼルKL-UA452KAN改）

前年に引き続き増備された短尺UAのCNGノンステップバスである。冷房装置はサーモキング製。A6-128・135が大宮に配置され、UAのCNGノンステップバス最後の新製車両となった。

A6-153（日産ディーゼルPB-RM360GAN）

2006年に初めて採用されたスペースランナーRMノンステップバス。冷房装置はデンソー製である。A6-150が練馬、153が立川に配置されたが、側面表示器はともに戸袋前だった。

S-287（日産ディーゼルPB-RM360HAN改）

西武総合企画が前年に続いて新製したスペースランナーRMツーステップバスのPB-車。協栄流通の従業員輸送用のS-287は前中引戸の西工B-Ⅰ型で、冷房はサーモキング製である。

S-266（日産ディーゼルPB-RM360HAN）

同じく前年に続いて導入されたスペースランナーRMツーステップバスのPB-車。西武リネンサプライの従業員輸送用のS-266は前折戸の西工B-Ⅰ型で、冷房はサーモキング製である。

S-267（日産ディーゼルPB-RM360HAN改）

こちらも前年に引き続き西武総合企画が導入したスペースランナーRMツーステップバスのPB-車。大学生協の従業員輸送用のS-267は、前面1枚窓・前中折戸の西工ボディが架装された。

2007(平成19)年の車両

　2007(平成19)年も「平成16年排出ガス規制」適合のPJ-車・PB-車・PA-車、「平成17年排出ガス規制」適合のADG-車・PKG-車・PDG-車・BDG-車が導入された。一般路線バスは日産ディーゼル・いすゞの大型・中型、日野・三菱の小型を採用。軽井沢にローザのボンネットバスが投入された。高速バスは日産ディーゼルスペースウイングといすゞガーラを導入。空港連絡バスにはスペースアローとガーラが採用された。貸切バスはガーラと日野セレガを増備。特定バスは日産ディーゼル・いすゞの大型、日産・日野の小型が導入された。

A7-250（いすゞ PKG-LV234N2）

2007年に1台だけ新製された中間尺エルガノンステップバスのPKG-車。エンジンは6HK1型、ホイールベースは5300㎜で、ノンステップバス初の中間尺車である。大宮に配置された。

A7-238（いすゞ PKG-LV234L2）

初めて採用された短尺エルガノンステップバスのPKG-車。ホイールベースは4800㎜。滝山・新座・大宮に計5台配置された。写真の「故障車」表示は撮影用として出していただいた。

A7-199（いすゞ PJ-LV234L1改）

短尺エルガワンステップバスのPJ-車。前中4枚折戸で側面表示器が前扉隣にある都区内仕様。座席配置は後部1+2型である。A7-199・201・205・208・216が上石神井に配置された。

A7-217（いすゞ PJ-LV234L1）

前年に続いて導入された短尺エルガノンステップバスのPJ-車。A7-193・217は側面表示器が前扉隣にある都区内仕様で、座席配置は後部1＋2型。いずれも上石神井に配置された。

A7-223（いすゞ PJ-LV234L1）

同じく引き続き増備された短尺エルガノンステップバスのPJ-車。側面表示器が戸袋前にある多区間運賃仕様は13台あり、A7-175・183・184・228は座席配置が後部1＋2型である。

A7-209（いすゞ PJ-LV234N1）

前年に引き続き1台導入された中間尺エルガワンステップバスのPJ-車。前中引戸で側面表示器が戸袋前にある多区間運賃仕様。座席配置は後部1＋2型である。大宮に配置された。

S-319（いすゞ PJ-LV234N1）

西武総合企画が1台だけ新製した中間尺エルガノンステップバスのPJ-車。前扉隣に側面表示器がある。新製当初は所沢で立教大学、現在は飯能で東野高校の学生を輸送している。

S-315（いすゞ PJ-LV234N1）

西武総合企画が前年に引き続き採用した中間尺エルガツーステップバスのPJ-車。前折戸・銀枠引き違い窓で、S-308・309は星野学園、315は埼玉女子短大の学生輸送に使用された。

A7-241（いすゞ PDG-LR234J2）

初めて登場したエルガミオノンステップバスのPDG-車。エンジンは6HK1型、ホイールベースは4400㎜。大宮・所沢・飯能・狭山に計10台を配置。一部が西武観光バスに移籍した。

A7-198（いすゞ PA-LR234J1）

前年に引き続き増備されたエルガミオノンステップバスのPA-車。デンソー製の冷房が搭載された外観は前年式と同じである。多区間運賃仕様のA7-197・198が飯能に配置された。

A7-214（三菱ふそうPA-BE64DG）

西武高原バスが「軽井沢美術館めぐりバス」に2台投入したボンネットスタイルのローザ。エンジンは4M50型、ホイールベースは3995㎜。のちに「ちちぶ巡礼バス」に転用された。

A7-222（日産ディーゼルPKG-RA274KAN）

前年に続いて導入された短尺スペースランナー RAノンステッ
プバスのPKG-車。冷房装置はデンソー製である。多区間運賃
仕様の10台が小平・立川・所沢・滝山に新製配置された。

A7-215（日産ディーゼルPKG-RA274MAN）

前年に続いて増備された中間尺スペースランナー RAワンス
テップバスのPKG-車。冷房装置はデンソー製で、多区間運賃仕
様となっている。A7-171が滝山、215が新座に配置された。

S-310（日産ディーゼルADG-RA273MAN）

前年に引き続き導入された中間尺スペースランナー RAツース
テップバスのADG-車。S-310～312は前中引戸の西工B-Ⅰ型
ボディで、西武文理グループの学生輸送に使用されている。

S-318（日産ディーゼルADG-RA273MAN改）

同じく引き続き採用された中間尺スペースランナー RAツース
テップバスのADG-車。S-313・314・318は前中4枚折戸の西
工B-Ⅰ型ボディで、早稲田大学の学生輸送に使用されている。

A7-218（日産ディーゼルPB-RM360GAN）

引き続き増備されたスペースランナー RMのPB-車。ノンステッ
プバスは11台で、A7-218・219は練馬区「みどりバス」に使用。
ワンステップバスは2台で、のちに貸切に転用されている。

S-322（日産PA-AHW41）

西武総合企画が前年に続いて導入したシビリアンのPA-車。
S-322はロングボディ・リーフサス仕様。スイングドア・黒枠
引き違い窓である。ゴルフ場の送迎輸送を担当している。

S-321（日産PA-AVW41）

同じくシビリアンのPA-車だが、S-321は標準ボディ・リーフサ
ス仕様。中折戸・黒枠引き違い窓である。ザ・プリンスパーク
タワー東京の来客輸送用として芝に配置されていた。

S-332（日産PA-AVW41）

同じくシビリアンのPA-車で、S-332も標準ボディ・リーフサス
仕様。ただしボディは中折戸・銀枠引き違い窓・後面非常扉つ
きである。さやま幼稚園の園児の送迎に使用されている。

A7-254（日野BDG-HX6JLAE）

2007年に初めて採用されたポンチョロングのBDG-車。エンジンはJ05D型、ホイールベースは4825mmで、トルコンAT車である。A7-254・255は練馬区「みどりバス」に使用された。

A7-255（日野BDG-HX6JLAE）

左記のA7-254とともに練馬区「みどりバス」用として上石神井に配置されたA7-255。2枚扉仕様で、右側面は逆T字型窓。のちに新座に転属し、清瀬市「きよバス」用となっている。

A7-191（日野ADG-HX6JLAE）

前年に引き続き7台新製されたポンチョロングのADG-車。A7-186・187は西東京市「はなバス」、190・191は「川越シャトル」、194〜196は練馬区「みどりバス」に使用されていた。

A7-212（日野ADG-HX6JHAE）

2007年式の3台だけが在籍したポンチョショートのADG-車。エンジンはJ05D型、ホイールベースは4125mmで、MT仕様である。A7-210〜212が西東京市「はなバス」に使用された。

A7-167（日野PB-RX6JFAA改）

前年に引き続き導入されたリエッセのPB-車。改造型式のA7-167はCNGバス。大宮に配置され、大宮に停車する「北斗星」のカラーで、さいたま市コミュニティバスに使用された。

A7-188（日野PB-RX6JFAA）

同じく前年に続いて増備されたリエッセのPB-車。A7-188・189は川越に配置され、「川越シャトル」に使用されたのち、188が新座に転属してコミュニティバスの予備車となった。

S-306（日野PB-RX6JFAA）

同じく前年に続いて採用されたリエッセのPB-車。西武総合企画のS-306はトップドアタイプ。えんじ色の早稲田大学カラーで、所沢キャンパス内のシャトルバスとして使用された。

1763（いすゞPKG-RU1ESAJ）

前年に引き続き導入されたガーラハイデッカーのPKG-車。1763は西武観光バスが大宮に配置した貸切車。正席49＋補助席9＝58人乗りとなっている。のちに軽井沢に転属している。

1764（日野PKG-RU1ESAA）

2007年式の1台だけが在籍するセレガスーパーハイデッカーのPKG-車。正席45＋補助席8＝53人乗りのセミサロン。西武観光バスが狭山に新製配置し、のちに秩父に転属している。

1755（いすゞPKG-RU1ESAJ）

前年に続いて増備されたガーラハイデッカーのPKG-車。1755～1757は初めて登場したリムジン仕様。後部トイレつきで正席42＋補助席8＝50人乗り。新製時は所沢に配置された。

1759（いすゞPKG-RU1ESAJ）

同じくガーラハイデッカーのPKG-車で、1759～1761・1765・1767は前年に続いて新製された都市間仕様。中央トイレつき28人乗りで、練馬に配置され、のちに大宮に転属した。

1758（日産ディーゼルPKG-RA274RBN改）

前年に続いて採用されたスペースアローのPKG-車。トルコンAT車である。1758は直結式冷房のリムジン仕様で、右後部トイレつきの50人乗りである。新製時は大宮に配置された。

1766（日産ディーゼルPKG-RA274RBN改）

前年に続いて導入されたスペースウイングのPKG-車。トルコンAT車である。1762・1766・1768は34人乗りの都市間仕様。左後部に尿素水タンクがあるため、トイレは右後部にある。

2008（平成20）年の車両

　2008（平成20）年はPKG-車・PDG-車・BDG-車が導入された。一般路線バスは日産ディーゼル・いすゞの大型・中型、日産ディーゼルの中型ロングタイプ、日野の小型を採用。三菱から日産ディーゼルへOEM供給された大型車、日野の大型ハイブリッドバスが初めて登場した。高速バスはいすゞガーラが主力となったものの、日産ディーゼルスペースウイングも増備。貸切バスはいすゞガーラ、日野セレガ・セレガショート・リエッセ、日産シビリアンが新製された。特定バスは日産ディーゼル・いすゞの大型、日野の小型が導入されている。

A8-287（いすゞ PDG-LR234J2）

西武観光バスが秩父に2台を新製配置したエルガミオノンステップバスのPDG-車。車内のレイアウトが西武バスとは異なり、右前方の2列が2人掛けシートの郊外Ⅰ型となっている。

A8-288（いすゞ PDG-LR234J2）

イラストは童話作家の池原昭治氏が手がけたもの。新製当初、吉田線に運用されたA8-287には秩父路の祭り、中津川線に運用された288には秩父路の風景と童話が描かれている。

A8-264（いすゞ PKG-LV234L2）

短尺エルガノンステップバスのPKG-車で、A8-264・270・271・276・309は側面表示器が前扉横にある都区内仕様。中扉より後ろが左1人掛け、右2人掛けの座席配置となっている。

A8-295（いすゞ PKG-LV234L2）

同じくエルガノンステップバスのPKG-車で、A8-293・295・308は側面表示器が戸袋前の多区間運賃仕様。このうち、293は中扉の後ろが左1人掛け、右2人掛けの座席配置である。

A8-297（いすゞ PKG-LV234L2）

2008年に1台だけ新製された短尺エルガワンステップバスのPKG-車。側面表示器が戸袋前にある多区間運賃仕様。座席配置は後部1＋2型で滝山に配置され、のちに飯能に転属した。

S-416（いすゞ PKG-LV234L2）

西武総合企画の特定バスは新車だけではなく、西武バスの経年路線車も移籍しており、基本的には笹バスカラーで使用されている。S-416は左記のA8-297が転用されたものである。

S-465（いすゞ PDG-LV234L2）

2008年式が1台だけ在籍した短尺エルガツーステップバスのPDG-車。前折戸・黒枠引き違い窓の自家用車を日本出版販売から引き継ぎ、そのまま同社の従業員輸送に使用していた。

A8-291（いすゞ PKG-LV234N2）

2008年に初めて採用された中間尺エルガワンステップバスのPKG-車。いずれも多区間運賃仕様で、A8-291・292・307は座席が後部1＋2型、331はワンロマタイプの用途外車である。

S-347（いすゞ PKG-LV234N2）

西武総合企画が2008年に初めて1台新製した中間尺エルガツーステップバスのPKG-車。PJ-車と同型のトップドアのボディが架装され、星野学園のスクールバスに使用されている。

S-491（いすゞ PKG-LV234Q2改）

2008年式が1台だけ在籍する長尺エルガツーステップバスのPKG-車。前中戸・銀枠引き違い窓の自家用車を尚美学園大学から引き継ぎ、そのまま同大学の学生輸送に使用している。

A8-274（日野BJG-HU8JLFP）

2008年に2台採用されたブルーリボンシティハイブリッド。エンジンはJ08E、ホイールベースは4800㎜。練馬の所管路線で使用されたが、現在は西武総合企画の特定バスとなっている。

A8-306（日産ディーゼルPKG-RA274MAN）

前年に引き続き導入された中間尺スペースランナー RAワンステップバスのPKG-車。A8-306・327の2台で、いずれも側面表示器が戸袋前にある多区間運賃仕様の用途外車である。

車内

車内

A8-320（日産ディーゼルPKG-RA274MAN）

2008年に初めて登場した中間尺スペースランナー RAノンステップバスのPKG-車。中間尺のノンステップバスは西武バスでは希少な存在で、本年式は1台だけが立川に配置された。

S-343（日産ディーゼルPDG-RA273MAN改）

2008年に初めて採用された中間尺スペースランナー RAツーステップバスのPDG-車。前中4枚折戸のS-343〜345は同型のADG-車とともに、早稲田大学の学生輸送に使用されている。

S-346（日産ディーゼルPDG-RA273MAN改）

同じく特定バスとして新製された中間尺スペースランナー RAツーステップバスのPDG-車。前中引戸のS-346は同型のADG-車とともに、西武文理グループの学生輸送に活躍している。

A8-283（日産ディーゼルPDG-JP820NAN）

2008年に初めて採用されたスペースランナー JPノンステップバスのPDG-車。エンジンは三菱製の6M60型、ホイールベースは5560mm。A8-279・280・283・329が小平に配置された。

A8-261（日産ディーゼルPDG-RM820GAN）

2008年に初めて登場したスペースランナー RMノンステップバスのPDG-車。エンジンは6M60型、ホイールベースは4300mm。13台あり、新製時は高野台・立川・新座に配置された。

1882（日産PDG-ECW41）

2008年式が1台だけ在籍したシビリアン標準ボディのPDG-車。エンジンはZD30DD型、ホイールベースは3310mm。スタイルはスイングドア・黒枠引き違い窓。所沢に配置されていた。

S-348（日野BDG-XZB40M）

2008年式が1台だけ在籍したリエッセⅡ標準ボディのBDG-車。トヨタコースターのOEM供給車で、エンジンはN04C型、ホイールベースは3200mm。幼稚園児の送迎輸送に使用された。

A8-303（日野BDG-RX6JFBA）

2008年に初めて新製されたリエッセのBDG-車。エンジンはJ05D型、ホイールベースは3550mm。中扉にリフトが装着されている。A8-303・324が上石神井の路線で使用されている。

A8-312（日野BDG-HX6JHAE）

2008年に初めて登場したポンチョショートのBDG-車。エンジンJ05D型、ホイールベース4125mmのトルコンAT車。A8-310〜312が小平に配置され、小平市「にじバス」に使用された。

A8-305（日産ディーゼルPKG-AP35UK）

2008年に初めて登場したスペースランナー A。A8-305は短尺ワンステップバスで、前面の前照灯の間が黒色塗装されている。前中引戸・黒枠逆T字型窓で、座席配置は後部1＋2型である。

A8-316（日産ディーゼルPKG-AP35UK）

同じく短尺のスペースランナー Aワンステップバス。エンジンはMD92型、ホイールベースは4800㎜。A8-316・318・319は前中引戸・銀枠逆T字型窓で、座席配置は後部1＋2型である。

A8-300（日産ディーゼルPKG-AP35UM）

短尺車とともに初めて採用された中間尺スペースランナー Aワンステップバス。前面の前照灯間を黒色塗装。A8-299・300は前中引戸・黒枠逆T字型窓で、座席は後部1＋2型である。

A8-304（日産ディーゼルPKG-AP35UM）

同じく中間尺のスペースランナー Aワンステップバス。ホイールベースは5300㎜である。A8-296・304は前中4枚折戸・黒枠逆T字型窓の都区内仕様で、座席配置は後部1＋2型である。

1876（日産ディーゼルPKG-RA274RBN改）

前年に続いて導入されたスペースアローのPKG-車。トルコンATが搭載され、冷房装置は直結式。右後部トイレつき50人乗りの高速車。1876が大宮、1879が所沢に新製配置された。

1885（いすゞ PKG-RU1ESAJ）

前年に引き続き増備されたガーラハイデッカーのPKG-車。1884・1885は貸切車で、53人乗りのセミサロンである。1874・1875・1881は高速車で、中央トイレつき28人乗りである。

1869（日野BDG-RU8JHAA）

2008年に初めて登場したセレガハイデッカーショート。エンジンはJ08E型、ホイールベースは4200㎜の貸切車で、27人乗りのセミサロン。1869・1880・1883が狭山に配置された。

1877（日野PKG-RU1ESAA）

貸切車として前年に続いて増備されたセレガで、2008年式はハイデッカーとなった。いずれも53人乗りのセミサロンで、1870が練馬、1871・1872・1877・1878が狭山に配置された。

2009（平成21）年の車両

　2009（平成21）年はPKG-車・PDG-車・BKG-車・BDG-車が導入された。一般路線バスは日産ディーゼル・いすゞの大型・中型、日野の小型を採用。高速バスはいすゞガーラハイデッカーと日産ディーゼルスペースアローに加え、都市間用に三菱のOEM供給モデルであるスペースアローAが初めて投入された。貸切バスはいすゞガーラとガーラミオ、日野セレガを新製。特定バスは日産ディーゼル・いすゞの大型、日産ディーゼルの中型が導入されている。なお、西武総合企画が6月に所沢センターを開設し、12月には大泉営業所を廃止した。

A9-409（日産ディーゼルPKG-AP35UK）

前年に引き続き採用された短尺スペースランナー Aワンステップバス。2009年式は前照灯間の黒色塗装がなされていない。座席配置が後部1＋2型の7台が滝山（西原）に配置された。

S-447（日産ディーゼルPKG-AP35UM）

引き続き導入された中間尺スペースランナー Aワンステップバス。2009年は銀枠逆T字型窓となった。多区間仕様・後部1＋2型座席の6台は新座に配置。一部は特定車に転用された。

A9-344（日産ディーゼルPKG-AP35UM）

同じく中間尺スペースランナー Aワンステップバス。2009年は銀枠逆T字型窓で、前照灯間が黒色塗装されていない。都区内仕様・後部1＋2型座席の6台は上石神井に配置された。

A9-380（日産ディーゼルPKG-AP35UM）

同じく中間尺スペースランナー Aワンステップバス。こちらは前中4枚折戸で、側面表示器が前扉隣の都区内仕様。座席配置は後部1＋2型である。4台が上石神井に配置されていた。

A9-376（いすゞPKG-LV234L2）

前年に続いて増備された短尺エルガノンステップバスのPKG-車。前中引戸で、側面表示器が戸袋前の多区間運賃仕様。座席配置は都市型。所沢・飯能・大宮に計8台配置された。

A9-334（いすゞPKG-LV234N2）

前年に続いて導入された中間尺エルガノンステップバスのPKG-車。前中引戸で、側面表示器が戸袋前の多区間運賃仕様。4台新製され、滝山のA9-334は座席配置が後部1＋2型である。

A9-352（いすゞPDG-LR234J2）

前年に続いて採用されたエルガミオノンステップバスのPDG-車。前中引戸で、側面表示器が戸袋前の多区間運賃仕様。座席配置は都市型。川越・所沢・大宮に計5台配置された。

A9-405（日産ディーゼルPDG-RM820GAN）

前年に続いて増備されたスペースランナー RMノンステップバス。都区内仕様の8台が練馬・上石神井、多区間運賃仕様の1台が立川に配置され、いずれも側面表示器は戸袋前である。

A9-350（日産ディーゼルPDG-RM820GAN）

初めて採用されたスペースランナー RMワンステップバスのPDG-車。都市型座席配置の3台が小平・滝山に配置されたが、軽井沢に転属したA9-349・350は郊外Ⅰ型に改造されている。

S-369（日産ディーゼルPDG-RM820HAN）

西武総合企画が2009年に2台だけ新製したスペースランナー RMツーステップバスのPDG-車。ホイールベースは4400mmである。ザ・モールみずほ16の無料シャトルバスに使用された。

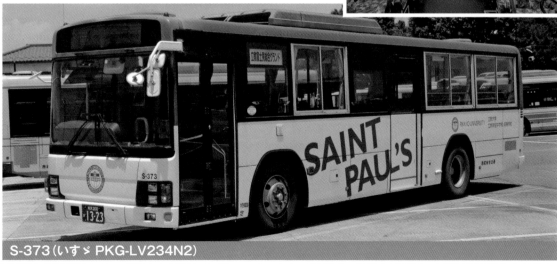

S-373（いすゞPKG-LV234N2）

西武総合企画が前年に続いて導入した中間尺エルガツーステップバスのPKG-車。前折戸のS-364～367は星野学園、前中引戸のS-373は立教大学の学生輸送用として活躍している。

A9-348（日産ディーゼルPKG-RA274KAN）

2009年に1台だけ新製された短尺スペースランナー RAワンステップバス。前中4枚折戸で、側面表示器が前扉隣にある都区内仕様。座席配置は後部1＋2型である。高野台に配置された。

A9-384（日産ディーゼルPKG-RA274KAN）

前年に続いて増備された短尺スペースランナー RAノンステップバス。都区内仕様の1台が練馬、多区間運賃仕様の4台が滝山に配置されたが、いずれも側面表示器は戸袋前である。

A9-410（日産ディーゼルPKG-RA274MAN）

前年に引き続き導入された中間尺スペースランナー RAノンステップバスのPKG-車。前中引戸で、側面表示器が戸袋前の多区間運賃仕様。A9-396が小平、410が滝山に配置された。

A9-335（日産ディーゼルPKG-RA274MAN）

前年に続いて1台採用された中間尺スペースランナー RAノンステップバスのPKG-車。側面表示器が戸袋前の多区間運賃仕様。座席配置は都市型。前年式と同様に立川に配置された。

S-360（日産ディーゼルPDG-RA273MAN改）

引き続き導入された中間尺のスペースランナー RAツーステップバス。S-360は日大芸術学部の学生輸送に使用。同学部の所沢キャンパスは2019年に江古田キャンパスに統合された。

S-374（日産ディーゼルPDG-RA273MAN改）

同じく西武総合企画が新製した中間尺スペースランナー RAツーステップバス。S-374は前中扉間の窓幅が左記の360と異なる。飯能に配置され、東野高校の学生輸送に使用された。

A9-358（日野BDG-RX6JFBA）

前年に続いて増備されたリエッセのBDG-車。前中折戸・黒枠引き違い窓で、中扉にリフトを装備。A9-355・357・358は練馬区「みどりバス」用で、均一運賃仕様となっている。

A9-392（日野BDG-RX6JFBA）

同じくリエッセのBDG-車。前中折戸・黒枠引き違い窓で、中扉にリフトを装備。A9-392〜395は所沢市「ところバス」用で、側面表示器が中扉隣にある多区間運賃仕様となっている。

A9-365（日野BDG-HX6JHAE）

前年に続いて導入されたポンチョショートのBDG-車。トルコン式AT車で、右側面は逆T字型窓である。A9-365〜367が狭山に配置され、入間市「てぃーろーど」に使用されている。

1990（いすゞBDG-RR7JJBJ）

2009年に初めて1台採用されたガーラミオのBDG-車。エンジンはJ07E型、ホイールベースは4490㎜。40人乗りの貸切車として新製され、西武総合企画に移籍してS-352となっている。

1987（いすゞPKG-RU1ESAJ）

前年に引き続き新製されたガーラハイデッカーのPKG-車。2009年式の2台は固定窓の高速車で、中央トイレつき28人乗りである。なお、2009年には貸切車のセレガも1台新製された。

1988（日産ディーゼルPKG-RA274RBN改）

前年に引き続き導入されたスペースアローのPKG-車。2009年式はこの1台のみで、直結式冷房・ワイドトランクの高速車。右後部トイレつき50人乗りである。所沢に配置されていた。

1989（日産ディーゼルBKG-AS96JP）

2009年に1台だけ採用されたスペースアロー A。三菱からのOEM供給モデルで、エンジンは6M70型、ホイールベースは6000㎜。後部トイレつき34人乗りで、固定窓の高速車である。

2010(平成22)年の車両

　2010(平成22)年はPKG-車・PDG-車・BDG-車の増備が続けられ、下期には「ポスト長期規制」適合のLKG-車が初めて登場した。一般路線バスは日産ディーゼル・UDトラックス・いすゞの大型・中型、UDトラックスの中型ロングタイプ、日野の小型を採用。高速バスはいすゞガーラのハイデッカー、貸切バスはガーラと日野セレガのハイデッカーが導入された。特定バスは日産ディーゼル・UDトラックス・いすゞの大型が導入された。なお、12月に西武自動車が西武バスに統合され、飯能・立川・高野台の委託路線も西武バスの運行となった。

A0-533（UDトラックスLKG-AP37FK）

初登場のスペースランナー Aノンステップバス。エンジン6M60型、ホイールベース4800㎜のAT車。A0-529・530・535・536・540・541・546・547・550は座席が後部1＋1のラッシュ型。

S-417（UDトラックスLKG-AP35FM改）

西武総合企画が初めて採用した中間尺スペースランナー AツーステップバスのLKG-車。ホイールベース5300㎜のトルコンAT車。S-417・418が東野高校の学生輸送に使用されている。

A0-473（日産ディーゼルPKG-AP35UM）

前年に続いて導入された中間尺スペースランナー Aワンステップバス のPKG-車。A0-462 ～ 464・472・473・475 ～ 477・507・508は前中引戸で、座席配置は後部1＋2型となっている。

A0-441（日産ディーゼルPKG-AP35UM）

同じく中間尺スペースランナー AワンステップバスのPKG-車だが、A0-419・440・441・443・446 ～ 448・450・451・455 ～ 457は前中4枚折戸で、座席配置は後部1＋2型となっている。

A0-522（いすゞPKG-LV234N2）

前年に続いて増備された中間尺エルガワンステップバスのPKG-車。A0-434・465 ～ 468・502・503・512・513・522は座席が後部2＋2の都市型。川越・大宮・所沢に配置されている。

A0-433（いすゞPKG-LV234N2）

同じく中間尺エルガワンステップバスのPKG-車だが、こちらは2人掛けシート中心で、日除けと網棚を装備する用途外車である。A0-433が大宮、478・511が所沢に新製配置された。

A0-519（いすゞ PKG-LV234L2）

前年に続いて導入された短尺エルガノンステップバスのPKG-車。多区間運賃仕様で、座席は中扉以降が両側2人掛けの都市型である。大宮・川越・所沢・狭山に計8台配置された。

A0-523（いすゞ PDG-LR234J2）

前年に引き続き増備されたエルガミオのPDG-車。側面表示器が戸袋前にある多区間運賃仕様で、座席は中扉以降が両側2人掛けの都市型。川越・狭山・新座に1台ずつ配置された。

S-392（いすゞ PKG-LV234N2）

西武総合企画が前年に続いて2台新製した中間尺エルガツーステップバスのPKG-車。前折戸・銀枠引き違い窓で、座席は両側2人掛けである。星野学園の学生輸送に使用されている。

S-391（日産ディーゼルPKG-AP35UP）

西武総合企画が2台採用した長尺スペースランナー AツーステップバスのPKG-車。前中4枚折戸・黒枠逆T字型窓で、ホイールベースは6000㎜。駿河台大学の学生輸送に活躍している。

S-384（日産ディーゼルPKG-AP35UM改）

西武総合企画が初めて導入した中間尺スペースランナー AツーステップバスのPKG-車。S-384 ～ 388は前中4枚折戸・銀枠逆T字型窓である。淑徳大学の学生輸送に使用されている。

S-405（日産ディーゼルPKG-AP35UM改）

同じく西武総合企画が新製した中間尺スペースランナー AツーステップバスのPKG-車だが、S-405は前中引戸・銀枠逆T字型窓。飯能に配置され、東野高校の学生輸送に使用されている。

S-492（日野PKG-KV234Q2）

西武総合企画に2010年式が2台ある長尺ブルーリボンⅡワンステップバスのPKG-車。前中引戸・黒枠引き違い窓。尚美学園大学から引き継ぎ、同大学の学生輸送に使用している。

A0-453（日野BDG-RX6JFBA）

引き続き増備されたリエッセのBDG-車。中扉にリフトを装備。均一運賃仕様のA0-452・453は上石神井の所管路線、多区間運賃仕様の470・471は「ところバス」に使用されている。

A0-432（UDトラックスPDG-JP820NAN）

2008年に続いて2台新製されたスペースランナー JPノンステップバスのPDG-車。ボディスタイルは2008年式と変わらず、多区間運賃仕様となっている。いずれも小平に配置された。

A0-430（UDトラックスPDG-RM820GAN）

前年に引き続き1台採用されたスペースランナー RMワンステップバスのPDG-車。多区間運賃仕様で、座席配置は都市型である。所沢に配置されたが、のちに西武総合企画に移籍した。

A0-483（UDトラックスPDG-RM820GAN）

同じく前年に引き続き導入されたスペースランナー RMノンステップバスのPDG-車。多区間運賃仕様と均一運賃仕様で4台ずつ製造されたが、いずれも側面表示器は戸袋前にある。

A0-515（UDトラックスPKG-RA274KAN）

引き続き増備された短尺スペースランナー RAノンステップバスのPKG-車。多区間運賃仕様で、座席配置は都市型。立川に2台配置され、A0-515は西武最後の西工ボディ架装車となった。

A0-486（UDトラックスPKG-RA274MAN）

こちらも前年に引き続き新製された中間尺スペースランナー RAワンステップバスのPKG-車。多区間運賃仕様で、座席配置は後部2+2の都市型である。小平に1台だけ配置された。

S-389（UDトラックスPDG-RA273MAN改）

西武総合企画が前年に引き続き1台採用した中間尺スペースランナーRAツーステップバスのPDG-車。座席配置は後部2＋2の都市型である。日大芸術学部の学生輸送に使用された。

1092（日野PKG-RU1ESAA）

貸切バスとして前年に続いて導入されたセレガハイデッカーのPKG-車。1092は58人乗り、1093・1095は53人乗りセミサロンで、1092・1093は練馬、1095は大宮に新製配置された。

1094（いすゞPKG-RU1ESAJ）

前年に続いて採用されたガーラハイデッカーのPKG-車。1094は貸切バスで、スイングドア・T字型窓のスタイル。正席45＋補助席8＝53人乗りセミサロンとして大宮に配置された。

1096（いすゞPKG-RU1ESAJ）

同じくガーラハイデッカーのPKG-車だが、1096・1097は高速バス。後部トイレつきで正席42＋補助席8＝50人乗りである。空港連絡バスや関越高速バス千曲線に使用されている。

1098（いすゞLKG-RU1ESBJ）

2010年に初めて1台登場したガーラハイデッカーのLKG-車。エンジン・ホイールベースはPKG-車と変わらない。後部トイレつきで正席42＋補助席8＝50人乗りの高速バスである。

2011（平成23）年の車両

　2011（平成23）年は大型のLKG-車、中型・小型のPDG-車・BDG-車が導入された。一般路線バスはいすゞエルガのノンステップバス・ワンステップバスとエルガミオのノンステップバス、日産ディーゼルスペースランナー Aのノンステップバスに加え、三菱エアロスターのノンステップバス・ワンステップバスを初めて採用。コミュニティバスの日野リエッセも増備された。高速バスは都市間仕様のいすゞガーラを新製。特定バスにもエルガのほか、エアロバスが初めて導入された。なお、5月に高野台営業所が練馬営業所に統合された。

A1-585（三菱ふそうLKG-MP35FM）

初めて登場したエアロスター。中間尺・多区間運賃仕様のワンステップバスは4台あり、座席はA1-571が後部1＋2型、572が都市型、585・595がワンロマタイプの用途外車である。

A1-584（三菱ふそうLKG-MP35FM）

同じく中間尺エアロスターワンステップバス。エンジン6M60型、ホイールベース5300mmのAT車である。A1-584は前中4枚折戸の都区内仕様。座席配置は後部1＋2型となっている。

A1-567（三菱ふそうLKG-MP35FK）

こちらも初めて採用された短尺エアロスターワンステップバス。アリソン製のトルコンATを搭載。座席は後部1＋2型で、A1-567 ～ 569・603が都区内仕様、570が多区間運賃仕様。

A1-598（三菱ふそうLKG-MP37FK）

初めて登場した短尺エアロスターノンステップバス。計22台の側面表示器の位置は同じだが、A1-556・579・581・592・596・599・602・605・607は座席配置がラッシュ型である。

A1-552（UDトラックスLKG-AP37FK）

前年に引き続き3台導入された短尺スペースランナー AノンステップバスのLKG-車。左記のエアロスターと同型で、アリソン製のトルコンATを搭載。座席配置はラッシュ型である。

S-005（三菱ふそうLKG-MP35FM改）

西武総合企画が初めて1台新製した中間尺エアロスターツーステップバス。アリソン製のトルコンATが搭載されている。飯能に配置され、東野高校の学生輸送に使用されている。

S-001（いすゞBDG-RR7JJBJ）

西武総合企画が2009年に続いて採用したガーラミオのBDG-車。2009年式と異なり、折戸仕様となっている。正席35＋補助席6＝41人乗りで、パークタワー東京の送迎に使用された。

A1-558（日野BDG-RX6JFBA）

前年に引き続き増備されたリエッセのBDG-車。中扉にリフトを装備している。A1-557・558は側面表示器が中扉の前にある多区間運賃仕様。狭山市「茶の花号」に使用されている。

A1-563（日野BDG-RX6JFBA）

同じくリエッセのBDG-車。中扉にリフトを装備している。A1-561～563・565は側面表示器が中扉の後ろにある多区間運賃仕様。所沢に配置され、「ところバス」に使用されている。

A1-573（いすゞPDG-LR234J2）

2台導入されたエルガミオのPDG-車。A1-573は側面表示器が前扉隣にある均一運賃仕様で、練馬区「みどりバス」に使用。601は側面表示器が戸袋前にある多区間運賃仕様である。

1104（いすゞLKG-RU1ESBJ）

前年に引き続き採用されたガーラハイデッカーのLKG-車。いずれもスイングドア・固定窓で、中央トイレつき28人乗りの都市間仕様。1099～1105の社番で練馬に新製配置された。

S-006（いすゞ LKG-LV234N3）

西武総合企画が初めて導入したエルガのLKG-車。いずれもホイールベース5300㎜の中間尺で、S-006は自社発注の特定車初となるワンステップバス。日大芸術学部の学生輸送に使用された。

S-008（いすゞ LKG-LV234N3）

同じく西武総合企画が新製した中間尺エルガのLKG-車だが、S-007・008は前折戸・黒枠逆T字型窓のツーステップバスである。川越に配置され、埼玉女子短期大学の学生輸送に使用された。

S-435（いすゞ LKG-LV234N3）

同じく中間尺エルガツーステップバスのLKG-車。S-435・436・002・003は前折戸・銀枠引き違い窓で、435・436は星野学園の学生輸送、002・003は日本標準の従業員輸送に使用。

S-437（いすゞ LKG-LV234N3）

同じく中間尺エルガツーステップバスのLKG-車。S-437は前中引戸・黒枠逆T字型窓で、サミーの従業員輸送に使用された。本型式は特定車のみであり、西武バスには在籍しなかった。

2012（平成24）年の車両

　2012（平成24）年はLKG-車に加え、「ポスト新長期規制」適合のQKG-車・QPG-車・QRG-車・SKG-車・SDG-車が導入された。一般路線バスは三菱のみで、エアロスターのノンステップバスとワンステップバス、エアロミディのノンステップバスを採用。コミュニティバスは日野ポンチョが新製された。高速バスは都市間仕様のいすゞガーラを増備。貸切バスはセレガハイデッカーとリフトつきのガーラハイデッカー、ハイグレードなガーラスーパーハイデッカーが導入された。特定バスはいすゞエルガと三菱エアロスターが採用された。

1213（いすゞ QPG-RU1ESBJ）

2012年に2台登場したハイグレードな貸切バス「レグルス」。車内にワイドシートを26席（のちに28席）を配してパウダールームを設置。高級感あふれるカラーリングが採用された。

1212（いすゞ QPG-RU1ESBJ）

2012年に初めて採用されたガーラハイデッカーのQPG-車。エンジンはE13C型、ホイールベースは6080mm。1208～1212は高速バスで、中央トイレつき28人乗りの都市間仕様である。

1216（いすゞ QPG-RU1ESBJ改）

同じく初めて導入されたガーラハイデッカーのQPG-車。1215・1216は貸切バスで、左側面中央にリフトを装備。リフト部分の座席を可動式として、乗客定員45人を確保している。

1206（日野LKG-RU1ESBA）

2012年式の2台だけが在籍するセレガハイデッカーのLKG-車。正席49＋補助席9＝58人乗りの貸切車。1206が練馬、1207が狭山に配置されたが、1207はのちに軽井沢に転属した。

S-021（いすゞ QRG-RU1ASCJ）

西武総合企画が1台だけ新製したガーラハイデッカーのQRG-車。貸切バスや高速バスとは異なり、A09C型エンジンを搭載。60人乗りで、埼玉女子短期大学の学生輸送に使用されていた。

A2-673（三菱ふそうQKG-MP35FK）

2012年に初めて1台採用された短尺エアロスターワンステップバスのQKG-車。エンジンは6M60型、ホイールベースは4800㎜。都区内仕様で座席は都市型。練馬に配置されている。

A2-681（三菱ふそうQKG-MP37FK）

2012年に初めて導入された短尺エアロスターノンステップバスのQKG-車。A2-687までは銀枠窓で、座席配置は667～669・687がラッシュ型、678・681・684・685が都市型である。

A2-741（三菱ふそうQKG-MP37FK）

同じく短尺エアロスターノンステップバスのQKG-車。A2-688から黒枠窓で、座席は688・695・696・760・866・867・879・959・960・963・988がラッシュ型、その他が都市型である。

A2-635（三菱ふそうLKG-MP37FK）

引き続き増備された短尺エアロスターノンステップバスのLKG-車。座席はA2-609・610・616・623・633～635・651・652がラッシュ型、608・617・619・627・655が都市型である。

A2-663（三菱ふそうLKG-MP35FM）

中間尺エアロスターワンステップバスのLKG-車。A2-654は前中4枚折戸、他は前中引戸で、座席は612が用途外車、613・614・631・654・658が後部1＋2型、その他が都市型である。

A2-620（三菱ふそうLKG-MP35FK）

前年に続いて導入された短尺エアロスターワンステップバスのLKG-車。A2-620～622・625は側面表示器が前扉隣にある都区内仕様となっている。座席配置は後部1＋2型である。

A2-628（三菱ふそうLKG-MP35FK）

同じく短尺エアロスターワンステップバスのLKG-車。A2-628・629は側面表示器が戸袋前にあり、扉上に車外照射灯がある多区間運賃仕様なっている。座席は後部1＋2型である。

S-022（三菱ふそうQKG-MP35FM）

西武総合企画が2012年に1台だけ新製した中間尺エアロスターワンステップバスのQKG-車。路線車に準じた仕様だが、側面表示器はない。駿河台大学の学生輸送に使用されている。

A2-674（三菱ふそうQKG-MP35FM）

2012年に初めて採用された中間尺エアロスターワンステップバスのQKG-車。A2-674・676・683は前中4枚折戸・銀枠窓、689は前中4枚折戸・黒枠窓で、座席は後部1＋2型である。

A2-682（三菱ふそうQKG-MP35FM）

同じく中間尺エアロスターワンステップバスのQKG-車。A2-670・672・682は前中引戸・銀枠窓で、多区間運賃仕様。座席は670が都市型、672が後部1＋2型、682が用途外車である。

A2-706（三菱ふそうQKG-MP35FM）

同じく中間尺エアロスターワンステップバスのQKG-車。A2-693・706・707・759・797・798・875・961は前中引戸・黒枠窓で、759・875・961は後部1＋2型、797は用途外車である。

S-016（三菱ふそうQKG-MP35FP改）

西武総合企画が2012年に2台新製した長尺エアロスターツーステップバスのQKG-車。ホイールベースは6000㎜。東野高校の学生輸送用だが、016のみ車内がワンロマタイプである。

S-009（三菱ふそうLKG-MP35FM改）

西武総合企画が前年に続いて2台導入した中間尺エアロスターツーステップバスのLKG-車。ボディは2010年式のスペースランナーと同型で、淑徳大学の学生輸送に使用されている。

A2-624（三菱ふそうSKG-MK27FH）

2012年に1台採用されたエアロミディ MKノンステップバスのSKG-車。エンジンは6M60型、ホイールベースは4340mm。上石神井に配置され、練馬区「みどりバス」に使用されている。

S-017（いすゞQPG-LV234N3改）

西武総合企画が初めて採用した中間尺エルガツーステップバスのQPG-車。エンジンは6HK1型、ホイールベースは5300mm。前中引戸のS-017・018は秋草学園のスクールバスである。

S-019（いすゞQPG-LV234N3）

同じく初めて導入された中間尺エルガツーステップバスのQPG-車。前折戸のS-019・020は星野学園のスクールバス。2012年式から青色の新たなデザインにラッピングされている。

S-011（いすゞLKG-LV234N3改）

西武総合企画が前年に続いて採用した中間尺エルガツーステップバスのLKG-車。前中引戸のS-011は日大芸術学部の学生輸送に使用され、のちに秋草学園のスクールバスに転用された。

S-013（いすゞLKG-LV234N3）

同じく前年に引き続き導入された中間尺エルガツーステップバスのLKG-車。前折戸のS-012～014は星野学園の生徒輸送に使用され、S-013は早稲田大学の学生輸送用に転用された。

A2-666（日野SDG-HX9JHBE）

2012年に初めて1台採用されたポンチョショートのSDG-車。エンジンはJ05E型、ホイールベースは4125mmで、トルコンATを装備している。東村山市「グリーンバス」に使用された。

A2-751（日野SDG-HX9JLBE）

2012年に初めて3台導入されたポンチョロングのSDG-車。ホイールベースは4825mmで、トルコンATを装備。2枚扉で、右側面は逆T字型窓。西東京市「はなバス」に使用されている。

2013(平成25)年の車両

　2013(平成25)年は大型のQKG-車・QPG-車・QRG-車、中型・小型のSDG-車・TKG-車・TPG-車などが導入された。一般路線バスは三菱エアロスターとエアロミディ、いすゞエルガミオに加え、エルガハイブリッドを初めて採用。コミュニティバスの日野ポンチョも新製されている。高速バスはいすゞガーラハイデッカーのほか、三菱エアロエースを初めて導入。貸切バスはセレガハイデッカーが増備された。特定バスは大型のエルガとエアロスター、小型の三菱ローザ、ワゴンタイプのトヨタハイエースコミューターが採用されている。

A3-408（日野いすゞ QQG-LV234L3）

初めて登場したエルガハイブリッド。エンジン6HK1型、ホイールベース4800mmのAMT車である。座席はラッシュ型で、右最後部に電池を搭載。上石神井と滝山に2台ずつ配置された。

A3-645（いすゞ SDG-LR290J1）

2013年に2台だけ新製されたエルガミオノンステップバスのSDG-車。エンジンは4HK1型、ホイールベースは4400mm。アイシン製のトルコンATが搭載されている。飯能に配置された。

S-030（いすゞ QPG-LV234N3）

西武総合企画が前年に続いて導入した中間尺エルガツーステッ
プバスのQPG-車。トップドアの2台を星野学園の学生輸送に使
用。青色の新デザインがラッピングから塗装になった。

S-034（いすゞ QPG-LV234Q3）

西武総合企画が初めて採用した長尺エルガワンステップバスの
QPG-車。ホイールベースは5800㎜。S-023・033・034は
日大芸術学部、031は秋草学園の学生輸送に使用されていた。

S-023（いすゞ QPG-LV234Q3）

同じく2013年に初めて導入された長尺エルガワンステップバスのQPG-車。日大芸術学部用だったS-023・033・034は同学部の
江古田にへの統合後、東野高校用に転用されている。

A3-505（三菱ふそうQKG-MP37FK）

前年に引き続き増備された短尺エアロスターノンステップバスのQKG-車。2013年式は46台新製され、上石神井・立川・新座・飯
能配置車と滝山・大宮配置車の一部はラッシュ型である。

A3-636（三菱ふそうQKG-MP35FM）

前年に続いて導入された中間尺エアロスターワンステップバスのQKG-車。A3-28・580・589・636は前中4枚折戸の均一運賃仕様。座席は前部がロングシート、後部が1＋2型である。

A3-660（三菱ふそうQKG-MP35FM）

同じく中間尺エアロスターワンステップバスのQKG-車。A3-27・315・485・516・590・659・660は前中引戸の多区間運賃仕様。27・659・660の座席配置は後部が1＋2型となっている。

A3-77（三菱ふそうQKG-MP35FM）

同じく中間尺エアロスターワンステップバスのQKG-車。A3-68・77は前中引戸の多区間運賃仕様。座席は前部の右側と後部の両側が2人掛けで、日除けを装備している用途外車である。

S-029（三菱ふそうQKG-MP35FM）

西武総合企画が前年に続いて1台導入した中間尺エアロスターワンステップバスのQKG-車。前年式と同じ駿河台大学の学生輸送用であるが、側窓が銀枠から黒枠に変更されている。

A3-539（三菱ふそうTKG-MK27FH）

2013年式の3台が在籍するエアロミディMKノンステップバスのTKG-車。エンジン6M60型、ホイールベース4340mmのMT車である。A3-400は練馬区「みどりバス」に使用されている。

S-025（三菱ふそうTPG-BE640G）

初めて採用されたローザロングボディのTPG-車。エンジンは4P10型、ホイールベースは3995mmである。S-025は早稲田大学、S-032は川越プリンスホテルの契約輸送を行っている。

S-028（三菱ふそうTPG-BE640E）

同じく西武総合企画が2013年に初めて1台導入したローザショートボディのTPG-車。ホイールベースは3490mmである。川越に配置され、豊岡第一病院の送迎輸送に使用されていた。

A3-200（日野SDG-HX9JLBE）

前年に引き続き増備されたローザロングボディのSDG-車。トルコンAT車で、2枚扉・右側逆T字型窓となっている。均一運賃仕様のA3-200は練馬区「みどりバス」に使用されている。

A3-661（日野SDG-HX9JLBE）

同じく前年に続いて採用されたローザロングボディのSDG-車。トルコンAT車で、2枚扉・右側逆T字型窓。多区間運賃仕様のA3-661は東村山市「グリーンバス」に使用されている。

A3-313（日野SDG-HX9JLBE）

同じく前年に続いて導入されたローザロングボディのSDG-車。笹バスカラー・多区間運賃仕様で小平に配置されたA3-313・314は、コミュニティバスの予備車として使用されている。

S-026（トヨタLDF-KDH223B）

西武総合企画が2013年に1台だけ購入したハイエースコミューター。2WD仕様で、エンジンはディーゼルの1KD型、ホイールベースは3110mm。早稲田大学の契約輸送を行っている。

1325（三菱ふそうQRG-MS96VP）

2013年に初めて登場したエアロエース。エンジン6R10型、ホイールベース6095mmのQRG-車。後部トイレつき50人乗りで空港用に新製され、現在は千曲線を中心に使用されている。

1322（いすゞQPG-RU1ESBJ）

前年に引き続き採用されたガーラハイデッカーのQPG-車。固定窓のボディにE13C型エンジンが搭載され、中央トイレつき28人乗りの都市間仕様。1319〜1322が練馬に配置された。

1323（いすゞQRG-RU1ASCJ）

前年の特定車に続いて高速車が登場したA09C型エンジン搭載のガーラハイデッカー。T字型窓のボディで、後部トイレつき50人乗りのリムジン仕様。大宮に1台だけが配置された。

1330（日野QRG-RU1ASCA）

2013年に初めて登場したA09C型エンジン搭載のセレガハイデッカー。スイングドア・T字型窓のボディで、正席45＋補助席10＝55人乗りの貸切車。練馬に1台だけ配置されている。

2014（平成26）年の車両

　2014（平成26）年はQKG-車・QPG-車・QRG-車・SDG-車などが導入されている。一般路線バスは4年ぶりにいすゞエルガを採用。三菱エアロスターと日野ポンチョも増備され、エアロスターは下期からライトベゼルが一新された。高速バスはいすゞガーラと三菱エアロエース、貸切バスはガーラと日野セレガを導入。特定バスはエルガとエアロスターが採用された。なお、2014年以降は2023年取材時の写真を掲載する。この取材では型式・タイプごとに1台を撮影したため、全型式・全年式の写真を紹介できないことをご容赦いただきたい。

1449（日野QRG-RU1ASCA）

2014年に4台、2015年に1台新製されているセレガハイデッカーのQRG-車。A09Cエンジン搭載の貸切車で、1432は52人乗りセミサロン、1434・1435・1449・1552は55人乗りである。

1448（いすゞ QRG-RU1ASCJ）

2014年に2台採用されたガーラハイデッカーのQRG-車。A09C型エンジンを搭載。後部トイレつき52人乗りで行先表示器があり、1446は高速車、1448は貸切車として使用されている。

1440（三菱ふそうQRG-MS96VP）

2014年と2015年に3台ずつ導入されたエアロエースのQRG-車。後部トイレつき50人乗りで、屋根上直結式冷房仕様。当初は空港連絡バスに使用され、一部が千曲線に転用された。

A4-764（いすゞ QKG-LV234L3）

2014年に4台、2015年に6台新製された短尺エルガノンステップバスのQKG-車。座席配置はA4-763・764・771・A5-796・808・811 〜 813がラッシュ型、765・843が都市型である。

2014年は5台採用された短尺エアロスターワンステップバスのQKG-車。すべて小平に配置されており、座席配置はA4-717・718・724・727が後部1＋2型、789が2＋2の都市型である。

A4-717（三菱ふそうQKG-MP35FK）

2015（平成27）年の車両

　2015（平成27）年は大型のQKG-車・QPG-車・QRG-車・QTG-車、中型・小型のSKG-車・SDG-車などが導入されている。一般路線バスは引き続きいすゞエルガと三菱エアロスターを採用。2年ぶりにエルガハイブリッドが新製された。コミュニティバスの日野ポンチョも増備されている。高速バスは都市間仕様のいすゞガーラハイデッカーとリムジン仕様の三菱エアロエースを導入。貸切バスは日野セレガ、特定バスはエルガ・エルガミオ・エアロスターが新製され、貸切バス・特定バス双方にトヨタハイエースコミューターが採用された。

A5-836（三菱ふそうQKG-MP35FM）

2014・15年に計7台新製された中間尺エアロスターワンステップバス。A4-712・723・825・836・838は都市型、841・860は後部1＋2型で、2015年式はライトベゼルが新型となった。

S-040（三菱ふそうQKG-MP35FM）

西武総合企画が2014・15年に計3台採用した中間尺エアロスターワンステップバス。S-038・048は立教大学用、S-040は協栄流通用で、いずれもライトベゼルが新型となっている。

S-041（三菱ふそうQKG-MP38FK）

西武総合企画が2015年に1台だけ導入した短尺エアロスターノンステップバスのQKG-車。エンジン6M60型、ホイールベース4995mmのAT車。立教大学の学生輸送用に使用されている。

S-047（いすゞ QPG-LV234N3）

西武総合企画の中間尺エルガツーステップバスのQPG-車。2014年にS-036、2015年に043・046・047、2016年に052を新製した。いずれも星野学園の学生輸送用に使用されている。

S-432（いすゞ QPG-LV234N3）

同じく西武総合企画の中間尺エルガツーステップバスのQPG-車だが、こちらは武蔵野学院大学の自家用車だった1台を引き継ぎ、引き続き同大学の学生輸送用として使用している。

S-039（いすゞ SKG-LR290J1）

2015年式が1台だけ在籍するエルガミオワンステップバスのSKG-車。笹バスカラーで側面表示器を持つが、西武総合企画が新製したもの。コーセーの従業員輸送に使用されている。

A5-850（日野SDG-HX9JLBE）

2014〜17年に計14台導入されたポンチョロングのSDG-車。東大和市・西東京市・朝霞市・所沢市・川越市・狭山市のコミュニティバスに使用されるほか、A4-698は笹バスカラーである。

S-049（三菱ふそうTPG-BE640E）

西武総合企画が2013年に続いて導入したローザショートボディのTPG-車。2013年式と同じスイングドア・黒枠窓である。キューソー流通システムの従業員輸送に使用されている。

1568（いすゞQRG-RU1ESBJ）

2014年式が7台、2015年式が10台ある、E13C型エンジンが搭載されたガーラハイデッカーのQRG-車。いずれも中央トイレつき28人乗りで、固定窓・都市間仕様の高速バスである。

1566（日野QTG-RU1ASCA）

2015年と2016年に2台ずつ新製されているセレガハイデッカーのQTG-車。A09C型エンジンが搭載された貸切バス。1566・1675・1676は60人乗り、1567は52人乗りセミサロンである。

1537（トヨタCBF-TRH228B）

軽井沢地区のオンデマンドバス運行用に1台を中古購入したハイエースコミューター。冬季を考慮した4WD仕様で、エンジンはガソリンの2TR型、ホイールベースは3110㎜である。

S-044（トヨタCBF-TRH223B）

西武総合企画が2015年に1台だけ購入したハイエースコミューター。2WD仕様で、エンジンはガソリンの2TR型、ホイールベースは3110㎜。早稲田大学の契約輸送に使用されている。

2016(平成28)年の車両

　2016(平成28)年は大型のQDG-車・QKG-車・QRG-車・QTG-車、小型のSDG-車などが導入されている。一般路線バスは引き続きいすゞエルガとエルガハイブリッド、三菱エアロスターを採用。新型エルガが本格的に増備され、都区内には広幅中扉仕様が配置された。コミュニティバスの日野ポンチョも新製されている。高速バスは都市間仕様のいすゞガーラハイデッカーとリムジン仕様の三菱エアロエースを導入。貸切バスはガーラと日野セレガのハイデッカー、特定バスはエルガとエアロスター、ガーラハイデッカーが採用された。

A6-986(三菱ふそうQKG-MP38FK)

路線車は計105台導入されたエアロスターノンステップバスのQKG-車。練馬・上石神井・新座配置車と小平のA6-885・889・952・953・972・973・986・23・24・A7-79はラッシュ型である。

S-054(三菱ふそうQKG-MP35FP)

西武総合企画が2016年に3台新製した長尺エアロスターワンステップバスのQKG-車。前中4枚折戸のボディ。S-053・054は大東文化大学から武蔵大学の学生輸送用へと転用された。

S-055(三菱ふそうQKG-MP35FP)

同じく長尺エアロスターワンステップバスのQKG-車。左記のS-053・054とともに大東文化大学用として新製されたが、S-055は飯能に転属して東野高校の学生輸送に使用されている。

A6-884（三菱ふそうQKG-MP35FK）

2014年に続いて導入された短尺エアロスターワンステップバスのQKG-車。ライトベゼルが一新された2016年式は、A6-884・898の2台が小平に在籍する。座席配置は後部1＋2型である。

A6-878（三菱ふそうQKG-MP35FM）

中間尺エアロスターワンステップバスのQKG-車。2016年式はA6-878・880・897が上石神井に在籍。前中4枚折戸で、座席は前中扉間が横向きシート、後部が1＋2型の配置である。

西武総合企画が初めて採用したガーラハイデッカーのQTG-車。A09C型エンジン搭載モデルである。後部トイレつき55人乗りのS-051・052が星野学園の学生輸送に使用されている。

S-051（いすゞQTG-RU1ASCJ）

A6-974（いすゞ QDG-LV290N1）

路線車は計58台導入された新型エルガのQDG-車。エンジン4HK1型、ホイールベース5300㎜のAT車。多区間運賃仕様はA7-86・93・96・98・106・115・134が都市型、他がラッシュ型である。

A6-886（いすゞ QSG-LV234L3）

2015 ～ 17年式が7台在籍するエルガハイブリッドのQSG-車。エンジン6HK1型、ホイールベース4800㎜のAMT車。座席配置はラッシュ型で、右側最後部にバッテリーが搭載されている。

A6-943（いすゞ QDG-LV290N1）

新型エルガのQDG-車のうち、上石神井の6台は広幅中扉のラッシュ型で、側面表示器が前扉隣にある均一運賃仕様。なお、燃料タンクは営業所の希望により右側配置が選択されている。

2017（平成29）年の車両

　2017（平成29）年はQDG-車・QKG-車・SKG-車などに加え、「ポスト・ポスト新長期規制」に適合した2PG-車・2KG-車などが導入された。一般路線バスは大型のいすゞエルガ・エルガハイブリッド・三菱エアロスターと中型のエルガミオを採用。コミュニティバスは小型の日野ポンチョが増備された。高速バスはいすゞガーラと三菱エアロエースを新製。貸切バスはガーラが導入された。特定バスは大型のエルガ、中型のエルガミオ、小型の日野リエッセⅡが採用された。なお、6月には西武高原バスが西武観光バスに統合されている。

A7-135（いすゞ SKG-LR290J2）

2017年式8台だけが新製された新型エルガミオのSKG-車。エンジン4HK1型、ホイールベース4400㎜のAMT車。一般路線車のA7-135、特定車のS-059～063は側面表示器が前扉横にある。

A7-110（いすゞ SKG-LR290J2）

同じく新型エルガミオのSKG-車で、A7-110・128は側面表示器が戸袋前にある多区間運賃仕様。なお、一般路線車3台の燃料タンクは営業所の希望により右側配置が選択されている。

S-058（いすゞ QDG-LV290N1）

西武総合企画に2017年式2台だけが在籍するエルガのQDG-車。側面表示器は都区内路線車のように前扉隣にあるが、中扉は広幅ではない。早稲田大学の学生輸送に使用されている。

S-064（日野SKG-XZB70M）

西武総合企画が2017年に1台だけ新製した新型リエッセⅡロングホディのSKG-車。エンジンN04C型、ホイールベース3935㎜のAT車である。狭山で医療施設の送迎に使用されている。

1780（いすゞ QRG-RU1ESBJ）

2016年と2017年式には4台ずつ新製されているE13C型エンジン搭載のガーラハイデッカーのQRG-車。いずれも中央トイレつき28人乗りで、固定窓・都市間仕様の高速バスである。

A7-151（日野SDG-HX9JHBE）

2014年に1台、2017年に3台採用されたポンチョショートのSDG-車。エンジンJ05E型、ホイールベース4125㎜のAT車。東村山市とさいたま市のコミュニティバスで2台ずつ活躍する。

1791（三菱ふそうQTG-MS96VP）

2016年と2017年に3台ずつ導入されたエアロエースのQTG-車。エンジンは6R10型、ホイールベースは6095㎜。後部トイレつき50人乗りで、2台がリムジンから千曲線に転用された。

1789（いすゞ QTG-RU1ASCJ）

貸切バスとしては2016年に1台、2017年に2台採用されたA09C型エンジンのガーラハイデッカーのQTG-車。このうち1678・1789は正席42＋補助席10＝52人乗りのセミサロンである。

1790（いすゞ QTG-RU1ASCJ改）

車内

ガーラハイデッカーのQTG-車のうち、1790は左側面にリフトを装備するバリアフリー貸切バスである。正席は49、補助席は前寄りに2、後ろ寄りに4あり、55人乗りとなっている。

2018（平成30）年の車両

　2018（平成30）年は「ポスト・ポスト新長期規制」に適合した2DG-車・2KG-車・2PG-車・2TG-車などが導入されている。一般路線バスは大型のいすゞエルガと三菱エアロスターのほか、日野ブルーリボンハイブリッドを初めて採用。中型のエルガミオ、小型の日野ポンチョも増備された。高速バスは都市間用・空港用ともにいすゞガーラハイデッカーを新製。貸切バスはガーラハイデッカーと日野セレガハイデッカーが導入された。特定バスは大型のエルガだけが採用され、一部が路線車にはないトップドア仕様で新製されている。

1813（いすゞ 2RG-RU1ESDJ）

2018年に2台登場したガーラハイデッカーの2RG-車。エンジンE13C型、ホイールベース6080㎜のAMT車。いずれも固定窓で、中央トイレつき3列シート28人乗りの都市間高速車である。

1803（いすゞ 2TG-RU1ASDJ）

計15台が在籍するガーラハイデッカーの2TG-車。エンジンはA09C型で、1807からAMT。1799・1803・1804・1807・1914 ～ 1916・1919・1922は 後部トイレつき50人乗りの高速車である。

1808（いすゞ 2TG-RU1ASDJ）

ガーラハイデッカーの2TG-車のうち6台は貸切バスである。
1806・1921は後部トイレつき52人乗りで後面1枚窓、1808・
1809・1025・1016は60人乗りで後面2枚窓となっている。

A8-618（日野2SG-HL2ANBP）

2018年に初めて採用されたブルーリボンハイブリッド。A05C
型エンジンのAMT車。2018・19式はすべて多区間運賃仕様
で座席は都市型。A9-71から巻き込み防止型の中扉となった。

A8-933（日野2DG-HX9JLCE）

初めて導入されたポンチョロングの2DG-車。J05E型エンジン
搭載のAT車。2018年式は4台あり、西東京市・入間市・川越
市のコミュニティバスと予備車に1台ずつ使用されている。

A8-399（三菱ふそう2PG-MP38FK）

2017年に採用が開始されたエアロスターの2PG-車。エンジン
6M60型、ホイールベース4995㎜のトルコンAT。2017年式
の全車と2018年式のA8-509までは側窓が黒枠となっている。

A8-908（いすゞ 2KG-LR290J3）

2017〜19年に計5台導入された型式末尾「3」のエルガミオ。
エンジン4HK1型、ホイールベース4400㎜のAMT車。A9-32
は左タンクのラッシュ型、他の4台は右タンクの都市型である。

S-066（いすゞ 2DG-LV290N2）

西武総合企画が2018年に2台だけ新製した短尺エルガの2DG-
車。ホイールベース5300㎜のAT車で、側面表示器は前扉隣に
ある。早稲田大学と立教大学の学生輸送に使用されている。

S-067（いすゞ 2PG-LV290Q2）

2018・19年に計5台導入された長尺エルガの2PG-車。ホイー
ルベース6000㎜のAT車。S-067・073は前中引戸で、側面表
示器は戸袋前。東野高校と武蔵野大学の学生輸送用である。

S-070（いすゞ 2PG-LV290Q2）

同じく西武総合企画が採用した長尺エルガの2PG-車だが、
S-069・070・072はトップドアで、側窓は前後2枚が逆T字型、
中央3枚がT字型。星野学園の学生輸送に使用されている。

2019(平成31・令和元)年の車両

　2019(平成31・令和元)年も「ポスト・ポスト新長期規制」に適合した2DG-車・2KG-車・2PG-車・2TG-車などが導入された。一般路線バスは大型のいすゞエルガ、三菱エアロスター、日野ブルーリボンハイブリッドを採用。都区内のいすゞ・日野車は広幅中扉である。中型のエルガミオ、小型の日野ポンチョも増備された。高速バスはリムジン用のいすゞガーラハイデッカーを新製。貸切バスはガーラハイデッカーと日野セレガハイデッカーが導入された。特定バスは大型のエルガの短尺と長尺、日野リエッセⅡの短尺が採用された。

S-077（いすゞ 2PG-LV290Q3）

西武総合企画が前年に続いて採用した長尺エルガの2PG-車。2019年から型式末尾が「3」である。車内は両側に2人掛けシートを配置。2台が星野学園の学生輸送に使用されている。

S-071（日野SKG-XZB60M）

西武総合企画に2019年式1台が在籍する新型リエッセⅡ標準ボディのSKG-車。ホイールベース3200mmのAT車で、後面に非常扉がある。さやま幼稚園の園児送迎用として使用されている。

S-075（いすゞ2PG-LV290N3）

西武総合企画が2019年下期に1台新製した短尺エルガの2PG-車で、型式末尾が「3」になった。中扉は丸みのある窓が特徴の巻き込み防止対応仕様。跡見学園の学生輸送用である。

S-074（いすゞ2PG-LV290N2）

西武総合企画が2018年と2019年上期に1台ずつ導入した型式末尾が「2」の短尺エルガ。側面表示器が前扉隣にあるS-068は早稲田大学用、戸袋前にある074は跡見学園用である。

A9-53（いすゞ2PG-LV290N2）

2017～19年に計65台採用された短尺エルガの2PG-車で、型式末尾が「2」のグループ。多区間運賃仕様は54台で、新座・飯能配置車と立川のA9-44は座席配置がラッシュ型である。

A9-36（いすゞ2PG-LV290N2）

同じく短尺エルガの2PG-車で、型式末尾が「2」のグループ。A8-924・925・A9-946・947・950・993・994・5・19・36・47は均一運賃仕様で、中扉は広幅、座席はラッシュ型である。

A9-102（いすゞ2PG-LV290N3）

2019～21年に計43台導入された型式末尾「3」のエルガ。中扉が巻き込み防止型で、A0-171から"S-tory"カラー。多区間運賃仕様の新座・飯能配置車は座席がラッシュ型である。

A9-33（三菱ふそう2PG-MP38FK）

2017年から増備されている短尺エアロスターの2PG-車。A8-650からA0-159までは銀枠窓で、練馬・上石神井配置車と小平のA8-665・932・936・937は座席配置がラッシュ型である。

A9-997（日野2DG-HX9JHCE）

計10台在籍しているポンチョショートの2DG-車。いずれもコミュニティバスで、西東京市で3台、小平・入間市で各2台、東村山市・狭山市・さいたま市で各1台使用されている。

A9-998（日野2DG-HX9JLCE）

前年に引き続き2019～22年に計21台増備されたポンチョロングの2DG-車である。練馬区で8台、所沢市で6台、西東京市・東村山市・川越市で各2台、清瀬市で1台使用されている。

令和に登場した車両たち

　2020（令和2）年以降も2DG-車・2KG-車・2PG-車・2TG-車などが導入された。一般路線バスはいすゞエルガ・エルガミオ、三菱エアロスター、日野ブルーリボンハイブリッド・ポンチョを採用。トヨタの燃料電池バス、BYDとアルファバスの電気バスが登場した。また2020年4月にはボディデザインが"S-tory"カラーに変更されている。高速バスはリムジン用の三菱エアロエースを新製。貸切バスはいすゞガーラと日野セレガ、特定バスはエルガ・エルガミオ・ガーラミオと日野リエッセⅡ、三菱ローザ、トヨタハイエースが採用された。

A3-393（いすゞ 2RG-LV290N4）

2023年下期に27台新製された短尺エルガの2RG-車で、型式末尾が「4」のグループ。多区間運賃仕様は19台で、新座・狭山配置のA3-409・410・443は座席配置がラッシュ型である。

A3-435（いすゞ 2RG-LV290N4）

同じく2RG-車で、型式末尾が「4」のグループ。練馬・上石神井配置のA3-391・392・396・397・405・406・414・435は均一運賃仕様で、中扉は広幅、座席配置はラッシュ型である。

A0-137（いすゞ 2PG-LV290N3）

短尺エルガの2PG-車で、型式末尾が「3」のグループ。A9-54・107・A0-127・137・154・174・175・186・187・198は広幅中扉の均一運賃仕様。A0-174から"S-tory"カラーになった。

A3-348（いすゞ 2RG-LV290N3）

路線車は2021〜23年に計48台新製された短尺エルガの2RG-車で、型式末尾が「3」のグループ。このうち37台は多区間運賃仕様で、側面表示器が戸袋前にあり、座席配置は都市型である。

A0-157（日野2SG-HL2ANBP）

2020年式は6台在籍するブルーリボンハイブリッド。A0-139・156・157は多区間運賃仕様・都市型で笹バスカラー、216・223・224は均一運賃仕様・ラッシュ型で"S-tory"カラーである。

2RG-車で型式末尾が「3」のグループのうち、上石神井の11台は均一運賃仕様。側面表示器は前扉隣、中扉は広幅、座席配置はラッシュ型で、右側燃料タンクが選択されている。

A3-371（いすゞ 2RG-LV290N3）

A2-278（日野2SG-HL2ANBP）

2021に5台、2022年に7台増備されたブルーリボンハイブリッド。A1-234 ～ 237・A2-276 ～ 278は均一運賃仕様で、側面表示器は前扉隣、中扉は広幅、座席配置はラッシュ型である。

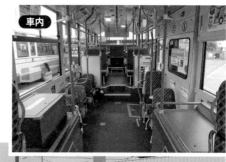

A2-268（日野2SG-HL2ANBP）

2021・22年式のハイブリッドバスのうち、A1-246・A2-268・270・271・275は多区間運賃仕様の都市型。近年は均一運賃区間も走れるよう、出入口表示が入れ替え可能なサポになった。

A0-167（三菱ふそう2PG-MP38FK）

"S-tory" カラーの第1号で、以降のエアロスターはカラー変更とともに黒枠窓になった。現在までに14台新製され、A0-176・178・179・184・185・194は座席配置がラッシュ型である。

A3-455（アルファバスECITY L10）

2023年に滝山に2台配置された中国アルファバス製の電気バス。210kWモーターが1基搭載され、ホイールベースは5500㎜。前中折戸の多区間運賃仕様で、座席配置は都市型である。

A0-222（トヨタZBC-MUM1NAE）

2020年に1台新製され、所沢に配置されたトヨタの燃料電池バスSORA。水素の化学反応で発電し、2基の113kWモーターを駆動させる。室内はSORAのメーカー標準仕様となっている。

2022年に新座に2台配置された中国BYD製の電気バス。75kWモーターが2基搭載され、ホイールベースは5500㎜。座席配置は都市型である。2023年には同じ新座に清瀬市「きよバス」用のJ6が1台配置された。

A2-385（BYD K8）

A3-380（いすゞ 2KG-LR290J4）

2019 〜 23年式に路線バス29台、特定バス3台が採用された型式末尾が「4」のエルガミオ。S-082まではAMT、AO-225からはATで、路線バスはAO-181から"S-tory"カラーである。

A0-208（いすゞ 2KG-LR290J4）

型式末尾が「4」のエルガミオのうち、A0-181 〜 183・208・A1-226・227・244・A2-279・325・340・A3-355・S-080・082・103は、側面表示器が前扉隣にある均一運賃仕様である。

S-079（いすゞ 2DG-RR2AJDJ）

西武総合企画が2020年に1台だけ新製したガーラミオの2DG-車。エンジンJ07E型、ホイールベース4490㎜のAMT車で、ボディは折戸・黒枠T字型窓。淑徳小学校の児童輸送用である。

S-101（トヨタ3BF-TRH223B）

西武総合企画が2021年に1台だけ購入したハイエースコミューター。2WD仕様で、エンジンはガソリンの2TR型、ホイールベースは3110㎜。早稲田大学の契約輸送に使用されている。

S-093（日野2KG-XZB70M）

西武総合企画に2021年式が1台あるリエッセⅡロングボディの2KG-車。エンジンN04C型、ホイールベース3935㎜のAT車。キューソー流通システムの従業員輸送に使用されている。

S-081（日野2KG-XZB60M）

西武総合企画に2020年式が1台在籍しているリエッセⅡ標準ボディの2KG-車。ホイールベース3200㎜のAT車である。川越に配置され、豊岡第一病院の送迎輸送に使用されている。

S-112（三菱ふそう2RG-BE740G）

2022年に1台、2023年に3台新製されたローザロングボディの2RG-車。ホイールベース3995㎜のAMT車。所沢慈光病院、石心会病院、ニチバン、久邇カントリーの契約輸送にあたる。

S-111（三菱ふそう2RG-BE740E）

2023年式が1台在籍するローザショートボディの2KG-車。エンジン4P10型、ホイールベース3490㎜のAMT車で、後面に非常扉がある。さやま幼稚園の園児送迎用に使用されている。

S-078（いすゞ 2PG-LV290Q3）

西武総合企画が前年に引き続き2020年に1台新製した長尺エルガの2PG-車。前年式とは異なる前中引戸で、前中扉間も両側2人掛けの郊外Ⅲ型。秋草学園のスクールバスに使用されている。

S-105（いすゞ 2KG-LV290N3）

西武総合企画が2020 ～ 22年に計10台採用した短尺エルガの2KG-車。S-088・089・098・099・104・105は型式末尾「4」のS-114とともに前折戸で、星野学園のスクールバスである。

S-108（いすゞ 2KG-LV290N3）

同じく短尺エルガの2KG-車で、2PG-車や2RG-車と同じアリソン製のトルコンATを搭載。S-095 ～ 097・108は前中引戸で、西武文理グループのスクールバスとして使用されている。

S-083（いすゞ 2RG-LV290N3）

西武総合企画が2020 ～ 23年に計12台新製した短尺エルガの2RG-車。S-083 ～ 085・107は西武文理グループのスクールバスで、側面表示器は戸袋前、座席配置はラッシュ型である。

S-090（いすゞ 2RG-LV290N3）

短尺エルガの2RG-車のうち、S-090・102・109は立教大学の学生輸送に使用されている。前中引戸で、側面表示器は090が前扉隣、102・109が戸袋前にあり、座席配置は都市型である。

S-091（いすゞ 2RG-LV290N3）

短尺エルガの2RG-車のうち、S-086・087・091・092は跡見学園、
100は早稲田大学に使用。側面表示器は戸袋前、座席配置はラッシュ型で、
跡見の4台は桜の花びら模様のシートモケットである。

1028（三菱ふそう2TG-MS06GP）

2020年式の2台が在籍するエアロエースの2TG-車。エンジン6S10型、
ホイールベース6000㎜のAMT車。後部トイレつき50人乗りで、練馬・
所沢のリムジンバスとして使用されている。

2018 ～ 20年式の10台が
在籍するセレガハイデッ
カーの2TG-車。エンジン
はA09C型、ホイールベー
スは6080㎜で、1811以降
はAMTである。60人乗り
の貸切バスとして使用され
ている。

1024（日野2TG-RU1ASDA）

現有車両一覧表 (1999年4月1月現在)

車両一覧表凡例

■PA-LR234J1（JBUS）　観 A6-145　熊200か1368（06）秩 ○
　　① 　　　　　　② 　　　③ 　　④ 　　　　⑤ 　　　　⑥ ⑦ ⑧

①車台型式
②ボディメーカー
③保有事業者
　無印：西武バス／観：西武観光バス／企：西武総合企画
④社番
⑤登録番号
　練：練馬／多：多摩／大：大宮／所：所沢／川：川越
　熊：熊谷／長：長野

⑥年式（登録年西暦の下2桁）
　（　）：移籍車の新製時の登録年
⑦所属営業所
　練：練馬・観光練馬／上：上石神井／滝：滝山／西：西原／小：小平／立：立川
　新：新座／所：所沢・企画所沢／大：大宮・観光大宮／川：川越・企画川越
　狭：狭山・観光狭山／飯：飯能・企画飯能／秩：観光秩父／軽：観光軽井沢
　高：企画高野台／セ：企画所沢センター
⑧用途
　○：一般路線車／◎：高速車／□：貸切車／△：特定車

いすゞ

■PA-LR234J1（JBUS）

観	A6-145	熊200か1368	(06)秩○
観	A6-155	熊200か1429	(06)秩○
観	A6-164	熊200か1500	(06)秩○

■PDG-LR234J2（JBUS）

観	A7-241	熊200か1645	(07)秩○
観	A7-247	熊200か1634	(07)秩○
企	S-413	所200か1181	(07)飯△
観	A7-259	熊200か1718	(07)秩○
企	S-378	所200か2223	(08)飯△
企	S-443	所200か2409	(08)所△
観	A8-287	熊200か8070	08秩○
観	A8-288	熊200か8080	08秩○
観	A8-323	熊200か1790	(08)秩○
観	A8-330	熊200か1761	(08)秩○
	A9-337	川200か1200	09川○
企	S-472	所200か1279	(09)所△
観	A9-352	熊200か1811	(09)秩○
観	A0-523	熊200か1891	(10)秩○
観	A0-526	熊200か1896	(10)秩○
観	A0-537	熊200か1889	(10)秩○
	A1-226	練200か2486	11上○
	A1-601	所200か1553	11新○

■BDG-RR7JJBJ（JBUS）

企	S-352	練200か3078	09高△

■SDG-LR290J1（JBUS）

	A3-445	所200か1746	13飯○
	A3-645	所200か1787	13飯○

■SKG-LR290J1（JBUS）

企	S-039	川200か371	15川△

■SKG-LR290J2（JBUS）

	A7-110	川200か505	17川○
	A7-128	所200か2210	17飯○
	A7-135	練200か3334	17練○
企	S-059	所200か2141	17飯○
企	S-060	所200か2143	17飯○
企	S-061	練200か3700	17高○
企	S-062	所200か2146	17所○
企	S-063	所200か2147	17所○

■2KG-LR290J3（JBUS）

	A7-300	多200か3287	17小○
	A7-305	大200か2713	17大○
	A8-382	多200か3292	18小○
	A8-908	多200か3851	18小○
	A9-32	所200か2373	19新○

■2KG-LR290J4（JBUS）

	A9-65	大200か2871	19大○
	A9-74	大200か2882	19大○
	A9-75	川200か590	19川○
	A0-144	所200か2436	20所○
	A0-152	所200か2434	20狭○
	A0-181	練200か3566	20練○
	A0-182	練200か3567	20練○
	A0-183	練200か3568	20上○
	A0-201	所200か2497	20新○
	A0-208	所200か3577	20練○
企	S-080	川200か604	20川△
企	S-082	所200か2458	20飯△
	A0-225	所200か2518	20所○
	A1-226	練200か3594	21上○
	A1-227	練200か3595	21上○
	A1-244	練200か3603	21練○
	A1-248	所200か2570	21所○
	A1-254	所200か2574	21新○

	A1-256	所200か2573	21所○
	A2-266	所200か2585	22所○
	A2-279	練200か3626	22上○
	A2-325	練200か3673	22練○
	A2-330	練200か3630	22練○
	A2-340	練200か3687	22練○
企	S-103	所200か2591	22飯△
	A3-344	所200か2639	23所○
	A3-354	川200か668	23川○
	A3-355	練200か3691	23練○
	A3-361	所200か2647	23所○
	A3-363	川200か669	23川○
	A3-380	所200か2656	23狭○
	A3-381	所200か2661	23狭○

■2DG-RR2AJDJ（JBUS）

企	S-079	練200か3557	20高△

■PJ-LV234L1（JBUS）

企	S-380	川200か518	(05)川△
企	S-381	所200か955	(06)飯△

■PJ-LV234L1 改（JBUS）

企	S-411	所200か2324	(07)狭△

■PJ-LV234N1（JBUS）

	1594	大200か1215	05大□
企	S-273	川200か966	06川△
企	S-276	所200か984	06飯△
企	S-277	所200か985	06飯△
企	S-308	川200か52	07川△
企	S-309	川200か53	07川△
企	S-319	所200か1147	07飯△

■PJ-LV234N1 改（JBUS）

企	S-274	所200か973	06川△
企	S-275	所200か972	06川△

■PKG-LV234L2（JBUS）

観	A7-253	熊200か1675	(07)秩○
企	S-416	所200か1479	(08)飯△
	A9-378	所200か1337	09所○
	A9-413	所200か1358	09所○
	A0-460	大200か1913	10大○
企	S-476	川200か168	(10)川△

■PKG-LV234N2（JBUS）

観	A8-291	長200か1721	(08)軽○
企	S-408	所200か1220	(08)所△
企	S-372	所200か576	(08)川△
	A8-331	川200か117	08川○
企	S-347	川200か89	08川△
観	A9-334	熊200か1814	(09)秩○
企	S-439	所200か579	(08)川△
観	A9-390	長200か1968	(09)軽○
観	A9-418	熊200か1709	(09)秩○
企	S-364	川200か123	09川△
企	S-365	川200か124	09川△
企	S-366	川200か126	09川△
企	S-367	川200か126	09川△
観	A0-433	長200か1946	(10)軽○
観	A0-434	熊200か1725	(10)秩○
観	A0-465	長200か1794	(10)軽○
観	A0-466	熊200か1751	(10)秩○
観	A0-467	熊200か1751	(10)秩○
企	S-441	川200か589	(10)川△
観	A0-478	長200か1743	(10)軽○
観	A0-502	熊200か1869	(10)秩○
観	A0-503	熊200か1839	(10)秩○
	A0-511	所200か1434	10所○
企	S-463	所200か1948	(10)所△
企	S-460	所200か1450	(10)所△

企	S-392	川200か158	10川△
企	S-393	川200か159	10川△

■PKG-LV234N2 改（JBUS）

企	S-373	所200か1323	09所△

■PKG-LV234Q2 改（JBUS）

企	S-491	川200か307	(08)川△

■LKG-LV234N3（JBUS）

企	S-002	川200か216	11川△
企	S-003	川200か217	11川△
企	S-006	川200か608	11川△
企	S-435	川200か206	11川△
企	S-436	川200か207	11川△
企	S-012	川200か255	12川△
企	S-013	川200か2056	12所△
企	S-014	川200か257	12川△

■LKG-LV234N3 改（JBUS）

企	S-011	所200か1584	12所△

■QKG-LV234L3（JBUS）

	A4-763	所230い2019	14所○
	A4-764	所200か1871	14所○
	A4-765	所200か1868	14飯○
	A4-771	大200か2373	14大○
	A5-796	所200か1917	15所○
	A5-808	所200か1918	15所○
	A5-811	所200か1922	15所○
	A5-812	所200か1923	15所○
	A5-813	所200か1929	15所○
	A5-843	所200か1963	15狭○

■QPG-LV234N3（JBUS）

企	S-019	川200か281	12川△
企	S-020	川200か282	12川△
企	S-027	川200か304	13川△
企	S-030	川200か325	13川△
企	S-036	川200か340	14川△
企	S-043	川200か395	15川△
企	S-046	川200か420	15川△
企	S-047	川200か421	15川△
企	S-432	川200か573	(15)川△
企	S-052	川200か437	16川△

■QPG-LV234N3 改（JBUS）

企	S-017	所200か1630	12所△
企	S-018	所200か1631	12所△

■QPG-LV234Q3（JBUS）

企	S-023	所200か1716	13飯△
企	S-031	所200か1764	13所△
企	S-033	所200か1797	13飯△
企	S-034	所200か1810	13飯△
企	S-035	所200か1843	14飯△

■QQG-LV234L3（JBUS）

	A3-202	練200か2712	13上○
	A3-398	練200か2753	13上○
	A3-407	所200か2526	13滝○
	A3-408	多200か2528	13滝○
	A3-664	多200か2625	13滝○

■QDG-LV290N1（JBUS）

	A5-856	所200か1994	15新○
	A5-859	所230こ2020	15新○
	A5-865	所200か2022	15新○
	A5-868	所200か2023	15所○
	A6-874	所200か2026	16所○
	A6-876	所200か2031	16所○
	A6-887	所200か2039	16所○

車番	登録番号	備考
A6-888	所200か2040	16所○
A6-889	大200か2522	16大○
A6-890	川200か433	16川○
A6-901	所200か2044	16所○
A6-903	所200か2053	16所○
A6-905	所200か2046	16飯○
A6-918	練200か3151	16上○
A6-919	練200か3152	16上○
A6-939	大200か2538	16大○
A6-940	川200か456	16川○
A6-943	練200か3171	16上○
A6-944	多200か3017	16滝○
A6-948	所200か2083	16飯○
A6-949	川200か459	16川○
A6-951	所200か2616	16飯○
A6-954	所200か2085	16所○
A6-965	所200か2092	16新○
A6-971	大200か3073	16大○
A6-974	所200か2102	16新○
A6-979	練200か3230	16上○
A6-990	所200か2103	16新○
A6-991	所200か2109	16新○
A6-992	所200か2113	16新○
A6-995	所200か2116	16狭○
A6-1	練200か3247	16上○
A6-2	練200か3250	16上○
A6-9	所200か2122	16所○
A6-21	所200か2127	16飯○
A7-30	川200か667	17川○
A7-34	所200か2132	17狭○
A7-35	所200か2130	17所○
A7-38	所200か2131	17飯○
A7-41	所200か2645	17所○
A7-45	大200か3098	17大○
A7-46	所200か2635	17所○
A7-56	川200か487	17川○
A7-84	大200か2616	17大○
A7-86	川200か679	17川○
A7-93	多200か3212	17立○
A7-95	所200か2183	17新○
A7-96	多200か2639	17滝○
A7-98	多200か3223	17滝○
A7-100	所200か2623	17所○
A7-105	所200か2189	17所○
A7-106	所200か2190	17所○
A7-115	川200か676	17川○
A7-117	所200か2211	17新○
A7-118	所200か2204	17所○
A7-119	所200か2212	17狭○
A7-133	所200か2216	17所○
A7-134	大200か2674	17大○
企 S-057	所200か2134	17セ△
企 S-058	所200か2135	17セ△

■ QSG-LV234L3（JBUS）

車番	登録番号	備考
A5-823	練200か3023	15上○
A6-873	大200か3105	16大○
A6-886	大200か3076	16大○
A6-902	大200か3044	16大○
A6-945	所200か2077	16所○
A6-995	所200か2099	16所○
A7-81	所200か2159	17所○

■ 2DG-LV290N2（JBUS）

車番	登録番号	備考
企 S-065	所200か2276	18セ△
企 S-066	所200か2275	18所△

■ 2PG-LV290N2（JBUS）

車番	登録番号	備考
A7-172	所200か2231	17所○
A7-173	川200か517	17川○
A7-197	所200か2230	17狭○
A7-249	所200か2229	17狭○
A7-290	所200か2654	17所○
A7-294	所200か2234	17飯○
A7-307	所200か2241	17所○
A8-328	多200か3290	18滝○
A8-369	所200か2677	18飯○
A8-401	所200か2252	18所○
A8-416	多200か3299	18滝○
A8-461	多200か3297	18立○
A8-469	所200か2259	18所○
A8-488	川200か527	18川○
A8-489	所200か2258	18所○
A8-521	多200か3304	18滝○
A8-528	所200か2261	18新○
A8-545	所200か2270	18所○
A8-548	大200か2723	18大○
A8-564	多200か3322	18滝○
A8-576	多200か3325	18滝○
A8-577	多200か3326	18滝○
A8-595	大200か3130	18大○
A8-632	所200か2283	18新○
A8-711	多200か3334	18滝○
A8-725	所200か2286	18新○
A8-726	所200か2287	18新○
A8-781	所200か2291	18新○
A8-803	所200か2299	18新○
A8-819	所200か2302	18所○
A8-882	大200か3150	18大○
A8-904	所200か2309	18新○
A8-907	所230を2020	18狭○
A8-912	多200か3370	18滝○
A8-913	所200か2321	18所○
A8-914	多200か3375	18滝○
A8-915	多200か3376	18滝○
A8-917	所200か2323	18新○
A8-923	川200か547	18川○
A8-924	練200か3463	18上○
A8-925	練200か3468	18上○
A8-926	多200か3380	18滝○
A8-927	多200か3386	18滝○
A8-928	多200か3387	18滝○
A8-929	所200か2327	18新○
A8-931	所200か2330	18飯○
A8-934	大200か2800	18大○
A8-935	大200か2805	18大○
企 S-068	所200か2338	18セ△
A9-946	練200か3480	19練○
A9-947	練200か3482	19練○
A9-950	練200か3481	19練○
A9-982	所200か2346	19新○
A9-993	練200か3484	19上○
A9-994	練200か3490	19上○
A9-5	練200か3495	19上○
A9-18	大200か2845	19大○
A9-19	練200か3506	19練○
A9-22	所200か2372	19所○
A9-36	練200か3507	19上○
A9-37	多200か3452	19滝○
A9-44	多200か3460	19立○
A9-47	練200か3518	19練○
A9-51	多200か3466	19立○
A9-52	多200か3472	19立○
A9-53	多200か3473	19立○
企 S-074	所200か2356	19所△

■ 2PG-LV290Q2（JBUS）

車番	登録番号	備考
企 S-067	所200か2318	18飯△
企 S-069	川200か556	18川△
企 S-070	川200か554	18川△
企 S-072	川200か571	19川△
企 S-073	川200か572	19川△

■ 2KG-LV290N3（JBUS）

車番	登録番号	備考
企 S-088	川200か620	20川△
企 S-089	川200か621	20川△
企 S-095	所200か2560	21狭△
企 S-096	所200か2564	21狭△
企 S-097	所200か2565	21狭△
企 S-098	川200か636	21川△
企 S-099	川200か637	21川△
企 S-104	川200か658	22川△
企 S-105	川200か659	22川△
企 S-108	所200か2625	22狭△

■ 2PG-LV290N3（JBUS）

車番	登録番号	備考
A9-54	練200か3524	19上○
A9-55	所200か2387	19新○
A9-58	所200か2388	19新○
A9-61	所200か2394	19新○
A9-63	所200か2393	19新○
A9-70	多200か3488	19滝○
A9-72	所200か2403	19新○
A9-73	所200か2405	19新○
A9-92	多200か3494	19滝○
A9-101	所200か2413	19新○
A9-102	所200か2414	19新○
A9-103	所200か2418	19新○
A9-107	所200か3543	19上○
A9-108	多200か3497	19滝○
A9-121	所200か2427	19新○
A9-122	所200か2426	19飯○
企 S-075	所200か2385	19所△
A0-136	練200か3546	20上○
A0-137	練200か3544	20上○
A0-138	多200か3509	20所○
A0-143	所200か2433	20所○
A0-147	大200か2902	20大○
A0-148	川200か598	20川○
A0-154	練200か3547	20上○
A0-158	所200か3518	20上○
A0-161	所200か2464	20新○
A0-171	所200か2468	20新○
A0-174	多200か3564	20滝○
A0-175	練200か3565	20練○
A0-180	川200か611	20川○
A0-186	練200か3572	20上○
A0-187	練200か3573	20上○
A0-189	所200か2485	20新○
A0-195	多200か3566	20立○
A0-198	練200か3575	20上○
A0-199	所200か2496	20狭○
A0-206	多200か3572	20滝○
A0-211	多200か3574	20滝○
A0-217	大200か2957	20大○
A0-220	多200か3587	20立○
A0-221	多200か3586	20立○
A1-238	多200か3626	21小○
A1-239	多200か3628	21小○
A1-240	大200か3029	21大○

■ 2PG-LV290Q3（JBUS）

車番	登録番号	備考
企 S-076	川200か584	19川△
企 S-077	川200か594	19川△
企 S-078	所200か2451	20所△

■ 2RG-LV290N3（JBUS）

車番	登録番号	備考
企 S-083	所200か2504	20狭△
企 S-084	所200か2506	20狭△
企 S-085	所200か2508	20狭△
企 S-086	所200か2507	20所△
企 S-087	所200か2509	20所△
A1-252	大200か3035	21大○
企 S-090	所200か2530	21所△
企 S-091	所200か2558	21所△
企 S-092	所200か2559	21所△
企 S-100	所200か2576	21セ△
A2-280	多200か3680	22立○
A2-283	多200か3683	22滝○
A2-284	多200か3682	22立○
A2-286	多200か3689	22滝○
A2-292	練200か3643	22上○
A2-293	所200か2611	22新○
A2-295	練200か3644	22上○
A2-296	練200か3647	22上○
A2-297	多200か3693	22滝○
A2-301	多200か3701	22滝○
A2-302	多200か3696	22立○
A2-304	所200か2614	22新○
A2-308	多200か3704	22滝○
A2-309	多200か3712	22滝○
A2-310	練200か3653	22上○
A2-312	多200か3705	22小○
A2-316	多200か3713	22小○
A2-318	所200か2620	22新○
A2-319	練200か3654	22上○
A2-320	練200か3659	22上○
A2-322	所200か2621	22新○
A2-326	練200か3669	22上○
A2-327	練200か3680	22上○
A2-329	多200か3718	22立○
A2-332	多200か3716	22滝○
A2-335	所200か2628	22新○
A2-336	所200か2631	22新○
A2-339	大200か3082	22大○
企 S-102	所200か2590	22所△
企 S-107	所200か2622	22狭△
A3-341	多200か3724	23滝○
A3-343	多200か3728	23滝○
A3-345	多200か3726	23立○
A3-346	多200か3729	23立○
A3-348	多200か3732	23立○
A3-351	所200か2636	23新○
A3-353	所200か2643	23新○
A3-356	多200か3734	23立○
A3-357	所200か2644	23新○
A3-358	所200か2646	23新○
A3-359	所200か2648	23新○
A3-360	所200か2653	23新○
A3-364	所200か2651	23新○
A3-365	練200か3692	23上○
A3-366	練200か3693	23上○
A3-371	練200か3699	23上○
A3-372	所200か2658	23新○
A3-374	所200か2662	23新○
A3-379	大200か3109	23大○
企 S-109	所200か2657	23所△

■ 2KG-LV290N4（JBUS）

車番	登録番号	備考
企 S-114	川200か680	23川△

■ 2RG-LV290N4（JBUS）

車番	登録番号	備考
A3-387	多200か3816	23滝○
A3-388	多200か3818	23小○
A3-389	多200か3819	23立○
A3-391	練200か3714	23練○
A3-392	練200か3715	23上○
A3-393	多200か3826	23滝○
A3-394	多200か3825	23小○
A3-395	多200か3829	23滝○
A3-396	練200か3719	23練○
A3-397	練200か3720	23上○
A3-402	多200か3834	23滝○
A3-404	多200か3833	23立○
A3-405	練200か3733	23上○
A3-406	練200か3732	23上○
A3-409	所200か2679	23狭○
A3-410	所200か2685	23狭○
A3-411	所200か2681	23飯○
A3-414	練200か3740	23練○
A3-415	多200か3848	23小○
A3-419	多200か3850	23立○
A3-430	所200か2687	23大○
A3-431	大200か3136	23大○
A3-435	練200か3746	23練○
A3-440	多200か3860	23立○
A3-443	所200か2692	23新○
A3-446	所200か2693	23新○
A3-448	所200か3146	23大○

■ PKG-RU1ESAJ（JBUS）

車番	登録番号	備考
観 1757	大200か3067	(07)大◎
観 1884	大230い1884	08大□
観 1885	大230あ1885	08大□
観 1094	大230い1094	10大□
観 1096	大200か3058	(10)大◎
観 1097	大200か1986	(10)大◎

■LKG-RU1ESBJ（JBUS）
観	1098	大200か2015	(10)大◎

■QRG-RU1ASCJ（JBUS）
観	1323	大200か2259	(13)大◎
観	1446	大200か2368	14大◎
観	1448	大230あ1448	14大□

■QPG-RU1ESBJ（JBUS）
観	1213	練230い1213	12練□
観	1214	練230い1214	12練□
観	1321	大200か2813	(13)大◎
観	1322	大200か2820	(13)大◎
観	1431	大200か2920	(14)大◎
観	1433	大200か2921	(14)大◎
観	1437	大200か3014	(14)大◎
観	1438	大200か3015	(14)大◎

■QPG-RU1ESBJ改（JBUS）
観	1215	大230い1215	12大□
観	1216	大230い1216	12大□

■QTG-RU1ASCJ（JBUS）
観	1678	大230あ1678	16大□
企	S-050	川200か429	16川△
企	S-051	川200か430	16川△
観	1789	所200か2672	17狭□

■QTG-RU1ASCJ改（JBUS）
観	1790	練230あ1790	17練□

■QRG-RU1ESBJ（JBUS）
観	1439	大200か3016	(14)大◎
観	1441	大200か3017	(14)大◎
	1443	練200か2928	14練◎
	1444	練200か2929	14練◎
	1447	練200か2950	14練◎
	1450	練200か2973	14練◎
	1451	練200か2974	14練◎
観	1553	大200か2967	(15)大◎
観	1556	大200か2970	(15)大◎
	1557	練200か3014	15練◎
	1558	練200か3015	15練◎
	1561	練200か3064	15練◎
	1562	練200か3072	15練◎
	1563	練200か3073	15練◎
	1564	練200か3079	15練◎
	1565	練200か3080	15練◎
観	1568	大200か2504	15大◎
	1669	練200か3119	16練◎
	1670	練200か3127	16練◎
	1671	練200か3130	16練◎
	1677	練200か3251	16練◎
	1779	練200か3259	17練◎
	1780	練200か3260	17練◎
	1781	練200か3272	17練◎
	1782	練200か3273	17練◎

■2TG-RU1ASDJ（JBUS）
観	1799	大200か3074	(17)大◎
	1803	練200か3399	18練◎
	1804	練200か3402	18練◎
観	1806	練230あ1806	18練□
	1807	練200か3462	18練◎
観	1808	大230あ1808	18大□
観	1809	大230あ1809	18大□
	1914	練200か3483	19練◎
	1915	所200か2347	19所◎
	1916	所200か2396	19所◎
	1919	所200か2402	19所◎
観	1921	大230あ1921	19大□
	1922	所200か2417	19所◎
観	1025	大230あ1025	20大□
観	1026	大230あ1026	20大□

■2RG-RU1ESDJ（JBUS）
	1810	練200か3467	18練◎
	1813	練200か3475	18練◎

日産

■PA-ACW41（日産）
企	S-258	練200か458	05高△

■PA-AVW41（日産）
企	S-332	川200あ19	07川△

■PA-AHW41（日産）
企	S-322	所200あ271	07飯△

■PA-AJW41（日産）
企	S-294	練200あ252	06高△
企	S-295	練200あ253	06高△
企	S-296	練200あ254	06高△

日産ディーゼル／UDトラックス

■PB-RM360GAN（西工）
企	S-371	所200か2126	(07)所○
企	S-410	所200か2300	(07)飯○
観	A7-432	熊200か1887	(07)秩○
	1730	所200か2539	07所○
	1731	所200か2540	07所○

■PB-RM360HAN（西工）
企	S-266	所200か939	06セ△

■PB-RM360HAN改（西工）
企	S-287	所200か966	06所△

■PDG-RM820GAN（西工）
企	S-451	所200か2440	(08)飯△
企	S-459	所200か2489	(08)飯△
企	S-464	所200か2501	(08)所△
観	A9-349	長200か1650	(09)軽△
観	A9-350	長200か1656	(09)軽△
企	S-404	所200か1597	(10)飯△
観	A0-449	長200か2003	(10)軽△
観	A0-458	長200か1875	(10)軽△
観	A0-459	長200か1878	(10)軽△
	A0-481	練200か2356	10練○
	A0-482	練200か2362	10練○
	A0-484	練200か2370	10練○
	A0-510	所200か2523	10所○

■KC-UA460HSN（富士）
	1736	所230あ7071	97飯□

■KL-UA452MAN（西工）
	1595	所200か851	05川□
	1596	所200か852	05狭□
企	S-250	所200か798	05狭△
企	S-253	所200か801	05狭△

■ADG-RA273MAN（西工）
企	S-362	川200か488	(06)川△
企	S-282	所200か977	06狭△
企	S-283	所200か978	06狭△
企	S-284	所200か979	06狭△
企	S-297	練200か1681	06高△
企	S-298	練200か1682	06高△
企	S-299	練200か1683	06高△
企	S-310	所200か1704	07狭△
企	S-311	所200か1703	07狭△
企	S-312	所200か1702	07狭△

■ADG-RA273MAN改（西工）
企	S-314	所200か1130	07セ△
企	S-318	所200か1131	07セ△

■PDG-RA273MAN改（西工）
企	S-343	所200か1209	08セ△
企	S-344	所200か1210	08セ△
企	S-345	所200か1211	08セ△
企	S-346	所200か1702	08狭△

■PKG-RA274KAN（西工）
	A9-375	川200か438	09川○

■PKG-RA274MAN（西工）
企	S-395	川200か529	(06)川△
	1816	多200か1755	08小□
企	S-412	川200か548	(09)川△
企	S-430	川200か563	(09)川△

■PKG-AP35UK（MFBM）
企	S-375	川200か509	(08)川△
企	S-406	川200か546	(08)川△
企	S-471	所200か2567	(09)所△
企	S-468	所200か2569	(09)所△
	A9-347	多200か1825	09西○

■PKG-AP35UM（MFBM）
	1834	多200か3708	08滝○
企	S-383	所200か2256	(08)セ△
企	S-376	所200か1231	(08)セ△
企	S-394	所200か2257	(08)所△
企	S-396	所200か2264	(09)セ△
企	S-382	所200か2245	(09)狭△
企	S-415	所200か2348	(09)所△
企	S-469	川200か638	(09)川△
企	S-470	川200か646	(09)川△
	1935	練200か2169	09上□
企	S-447	所200か1317	(09)狭△
	1932	多200か3655	09立□
企	S-438	所200か2389	(10)所△
企	S-446	所200か2437	(10)狭△
企	S-450	所200か2453	(10)狭△
企	S-461	所200か2534	(10)飯△
企	S-455	所200か1424	(10)飯△
企	S-462	所200か1448	(10)セ△

■PKG-AP35UM改（MFBM）
企	S-384	所200か1381	10所△
企	S-385	所200か1382	10所△
企	S-386	所200か1383	10所△
企	S-387	所200か1384	10所△
企	S-388	所200か1385	10所△
企	S-405	所200か1433	10飯△

■PKG-AP35UP（MFBM）
企	S-390	所200か1388	10飯△
企	S-391	所200か1389	10飯△

■LKG-AP35FM（MFBM）
企	S-417	所200か1476	10飯△
企	S-418	所200か1478	10飯△

■LKG-AP37FK（MFBM）
企	S-477	所200か2674	(10)飯△
企	S-475	所200か2133	(10)セ△
企	S-478	所200か2678	(10)所△
企	S-473	川200か665	(10)川△
企	S-479	所200か2688	(10)狭△
企	S-474	所200か1472	(10)セ△
	1033	練200か2444	10練○
	A1-551	大200か2793	11大○
	A1-555	大200か2024	11大○

トヨタ

■LDF-KDH223B（トヨタ）
企	S-026	練200あ438	13高△

■CBF-TRH223B（トヨタ）
企	S-044	所200あ417	15セ△

■CBF-TRH228B（トヨタ）
観	1537	長200あ469	15軽□

■3BF-TRH223B（トヨタ）
企	S-101	練200あ597	21高△

■ZBC-MUM1NAE（JBUS）
	A0-222	所200か2512	20所○

日野

■SKG-XZB60M（トヨタ）
企	S-071	川200あ81	19川△

■SKG-XZB70M（トヨタ）
企	S-064	所230い2017	17狭△

■2KG-XZB60M（トヨタ）
企	S-081	川200あ88	20川△

■2KG-XZB70M（トヨタ）
企	S-093	所200あ537	21所△

■KK-RX4JFEA（日野）
	A2-804	所200か2332	02所○
	A2-805	多200か543	02滝○

■PB-RX6JFAA（JBUS）
	A6-136	練200か1540	06上○
	A7-188	所200か2060	07新○
企	S-306	所200あ253	07所△
企	S-307	所200あ256	07セ△

■ADG-HX6JLAE（JBUS）
	A6-169	所200か1070	06新○
	A6-170	所200か1071	06新○
企	S-452	所200か2459	(07)所△

■BDG-RX6JFBA（JBUS）
	A8-303	練200か2002	08上○
	A8-324	練200か2076	08上○
	A0-452	練200か2296	10上○
	A0-453	練200か2303	10上○
観	A0-470	熊200か1825	(10)秩○
観	A0-471	熊200か1826	(10)秩○
	A1-558	所200か1499	11狭○
	A1-561	所200か1490	11所○
	A1-562	所200か1492	11所○
	A1-563	所200か1494	11所○
	A1-565	所200か1496	11所○

■BDG-HX6JHAE（JBUS）
	A8-311	多200か525	08小○
	A9-367	所200か316	09狭○

■BDG-HX6JLAE（JBUS）
	A7-255	所200か2548	07新○
	A8-321	多200か1791	08滝○

■SDG-HX9JHBE（JBUS）
	A4-777	多200あ811	14小○
	A7-82	大200あ511	17大○
	A7-83	大200あ513	17大○
	A7-151	多200あ947	17小○

■SDG-HX9JLBE（JBUS）
	A2-745	多200か2460	12小○
	A2-749	多200か2432	12滝○
	A2-750	多200か2433	12滝○
	A2-751	多200か2436	12滝○
	A3-200	多200か2716	13上○
	A3-313	多200か2516	13小○
	A3-314	多200か2517	13小○
	A3-661	多200か2622	13小○
	A4-698	所200か1831	14狭○
	A4-773	川200か361	14川○
	A4-778	多200か2750	14小○
	A5-814	多200か2762	15小○
	A5-850	多200か2851	15小○
	A6-891	多200か2930	16滝○
	A6-892	川200か434	16川○
	A6-893	川200か436	16川○
	A6-894	多200か444	16狭○
	A6-996	所200か2110	16所○
	A6-999	所200か2118	16所○
	A7-59	所230く2020	17新○

2DG-HX9JHCE (JBUS)

	登録番号	
A7-113	川200か506	17川○
A7-114	所230け2020	17新○

■2DG-HX9JHCE (JBUS)

A9-997	多200あ996	19滝○
A9-87	大200あ543	19大○
A0-162	多200あ1044	20小○
A0-165	多200あ1041	20滝○
A1-228	所200あ529	21狭○
A1-231	多200あ1083	21滝○
A1-232	多200あ1081	21小○
A1-257	所200あ539	21狭○
A2-272	所200あ1128	22狭○
A2-273	所200あ541	22狭○

■2DG-HX9JLCE (JBUS)

A8-553	川200か531	18川○
A8-554	多200か3308	18滝○
A8-559	所200か2272	18狭○
A8-933	川200か551	18川○
A9-998	所200か3412	19滝○
A9-12	練200か3492	19上○
A9-13	練200か3494	19上○
A9-14	練200か3498	19上○
A9-80	多200か3490	19滝○
A9-124	川200か592	19川○
A9-125	川200か595	19川○
A0-196	所200か2482	20所○
A0-205	所200か2495	20所○
A0-209	所200か2498	20所○
A0-210	所200か2502	20所○
A0-215	多200か3582	20小○
A1-229	所200か3598	21所○
A1-230	練200か3600	21上○
A1-250	多200か3634	21滝○
A2-260	練200か3608	22上○
A2-261	練200か3609	22上○
A2-262	所200か3610	22所○
A2-263	所200か2580	22所○
A2-264	所200か2582	22所○
A2-274	所200か2589	22新○

■PKG-KV234Q2 (JBUS)

企 S-492	川200か308	(10)川△
企 S-493	川200か309	(10)川△

■BJG-HU8JLFP (JBUS)

企 S-440	川200か581	08川△
企 S-448	川200か599	08川△

■2SG-HL2ANBP (JBUS)

A8-618	多200か3345	18立○
A8-801	多200か3360	18滝○
A8-802	多200か3362	18滝○
A9-938	多200か3401	19滝○
A9-970	多200か3403	19立○
A9-71	所200か2481	19飯○
A9-97	多200か3496	19滝○
A9-109	多200か3501	19滝○
A9-120	多200か3500	19立○
A0-139	多200か3512	20滝○
A0-156	多200か3513	20滝○
A0-157	多200か3514	20滝○
A0-216	練200か3586	20上○
A0-223	多200か3590	20練○
A0-224	練200か3591	20上○
A1-234	練200か3593	21練○
A1-235	練200か3596	21上○
A1-236	練200か3597	21上○
A1-237	所200か3601	21上○
A1-246	所200か2571	21新○
A2-268	多200か3645	22立○
A2-270	所200か2584	22新○
A2-271	所200か2586	22新○
A2-275	所200か2587	22新○
A2-276	練200か3614	22上○
A2-277	練200か3616	22上○
A2-278	練200か3619	22上○

■BDG-RU8JHAA (JBUS)

観 1869	長200か1287	08軽□
観 1880	所230あ1880	08狭□
観 1883	所230い1883	08狭□

■PKG-RU1ESAA (JBUS)

観 1764	熊230あ1764	07秩□
観 1870	練230あ1870	08練□
観 1871	練230あ1871	08練□
観 1872	所230い1872	08狭□
観 1877	所230い1877	08狭□
観 1878	所230い1878	08狭□
観 1991	長200か1969	09軽□
観 1092	長200か1759	10軽□
観 1093	所230い1093	10狭□
観 1095	所230あ1095	10狭□

■LKG-RU1ESBA (JBUS)

観 1206	練230あ1206	12練□
観 1207	長200か1655	12軽□

■QRG-RU1ASCA (JBUS)

観 1330	練230あ1330	13練□
観 1432	所230い1432	14狭□
観 1434	練200か3718	14練□
観 1435	所230い1435	14狭□
観 1449	所230い1449	14狭□
観 1552	所230い1552	15狭□

■QTG-RU1ASCA (JBUS)

観 1566	練230あ1566	15練□
観 1567	長230あ1827	15軽□
観 1675	練230あ1675	16練□
観 1676	練230あ1676	16練□

■2TG-RU1ASDA (JBUS)

観 1801	所230あ1801	18狭□
観 1802	練230あ1802	18練□
観 1805	所230あ1805	18狭□
観 1811	練230あ1811	18練□
観 1812	所230あ1812	18狭□
観 1917	練230い1917	19練□
観 1918	練230あ1918	19練□
観 1920	練230あ1920	19練□
観 1023	所230あ1023	20練□
観 1024	所230あ1024	20狭□

三菱ふそう

■TPG-BE640E (MFBM)

企 S-049	所200あ434	15所△

■TPG-BE640G (MFBM)

企 S-025	所200あ432	13高△
企 S-032	所200あ554	13飯△

■2RG-BE740E (MFBM)

企 S-111	川200あ101	23川△

■2RG-BE740G (MFBM)

企 S-106	所200あ556	22セ△
企 S-110	所230う2023	23狭△
企 S-112	所200あ562	23飯△
企 S-113	所200あ570	23飯△

■SKG-MK27FH (MFBM)

A2-624	練200か2589	12上○

■TKG-MK27FH (MFBM)

A3-400	所200か2756	13上○
A3-539	練200か2786	13練○
A3-560	練200か2794	13練○

■LKG-MP35FK (MFBM)

A1-568	練200か2488	11練○
A1-569	練200か2489	11練○
A1-570	多200か2118	11小○
企 S-481	川200か681	(11)川△
A2-620	練200か2581	12練○
A2-621	練200か2582	12練○
企 S-480	所200か2689	(12)セ△
A2-625	練200か2592	12練○
A2-628	多200か2288	12西○
A2-629	多200か2290	12小○

■LKG-MP35FM (MFBM)

A1-572	大200か2039	11大○
A1-584	練200か2518	11立○
A1-585	多200か2373	11立○
1193	所200か1545	11新□
A2-611	多200か2270	12小○
A2-612	多200か2275	12小○
A2-613	多200か2271	12立○
A2-614	多200か2276	12立○
A2-615	所200か1567	12飯○
A2-630	多200か2289	12小○
A2-631	所200か1581	12飯○
A2-654	練200か2600	12上○
A2-656	所200か1591	12飯○
A2-657	所200か1593	12飯○
A2-658	所200か1592	12飯○
A2-662	大200か2153	12大○
A2-663	大200か2159	12大○

■LKG-MP35FM 改 (MFBM)

企 S-005	所200か1530	11飯△
企 S-009	所200か1594	12所△
企 S-010	所200か1595	12所△

■LKG-MP37FK (MFBM)

A1-556	川200か539	11川○
企 S-488	所200か2255	(11)所△
A1-574	所200か2233	11所○
A1-575	所200か1520	11所○
A1-579	大200か2059	11大○
A1-581	川200か567	11川○
A1-582	所200か1526	11所○
A1-583	川200か218	11川○
観 A1-587	熊200か1890	(11)秩○
A1-588	川200か226	11川○
A1-593	川200か489	11川○
A1-594	所200か2160	11所○
A1-596	練200か2560	11練○
A1-597	所200か2112	11飯○
A1-599	大200か2795	11大○
A1-602	練200か2563	11練○
A1-605	練200か2564	11上○
A2-608	川200か532	12川○

■QKG-MP35FK (MFBM)

A2-609	所200か1566	12飯○
A2-610	所200か1568	12飯○
A2-616	大200か2128	12大○
A2-617	川200か244	12川○
A2-619	所200か1569	12飯○
A2-623	所200か2586	12練○
A2-627	川200か564	12川○
A2-633	所200か1579	12飯○
A2-634	所200か1583	12飯○
A2-635	所200か1588	12飯○
A2-651	所200か2593	12上○
A2-652	練200か2595	12上○
A2-655	所200か2617	12狭○
A2-673	所200か2618	12練○
A3-590	多200か2579	13滝○
A4-717	多200か2670	14小○
A4-718	多200か2671	14小○
A4-724	多200か2673	14小○
A4-727	多200か2674	14小○
A4-780	多200か2747	14小○
A6-884	多200か2924	16小○
A6-898	多200か2936	16小○

■QKG-MP35FM (MFBM)

A2-670	多200か2366	12小○
A2-672	多200か2367	12立○
A2-674	練200か2619	12上○
A2-676	練200か2621	12上○
A2-682	川200か273	12川○
A2-683	練200か2629	12上○
A2-689	練200か2647	12立○
A2-693	所200か1645	12飯○
A2-706	大200か2197	12大○
A2-707	大200か2198	12大○
A2-759	練200か1673	12新○
観 A2-306	熊200か1868	(12)秩○
A2-798	多200か2455	12小○
A2-875	多200か3037	12立○
A2-961	所200か1694	12新○
企 S-022	所200か1667	12飯△
A3-27	所200か1715	13上○
A3-28	練200か2700	13上○
A3-68	所200か1719	13新○
A3-77	所200か1722	13飯○
A3-315	多200か2519	13小○
A3-485	多200か2533	13滝○
A3-516	多200か2565	13滝○
A3-580	練200か2781	13上○
A3-589	練200か2787	13上○
A3-590	多200か2579	13滝○
A3-636	練200か2807	13上○
A3-659	所200か1802	13新○
A3-660	所200か1812	13新○
企 S-029	所200か1759	13飯△
A4-712	多200か2646	14小○
A4-723	多200か2675	14滝○
企 S-038	所200か1900	14所△
A5-825	多200か2823	15滝○
A5-836	多200か2836	15滝○
A5-838	多200か2844	15滝○
A5-841	所200か1966	15新○
A5-860	所200か1996	15新○
企 S-040	所200か1924	15所△
企 S-048	所200か1991	15所△
A6-878	練200か3118	16上○
A6-880	練200か3123	16上○
A6-897	練200か3128	16上○

■QKG-MP35FP (MFBM)

企 S-053	練200か3615	16高△
企 S-054	練200か3618	16高△
企 S-055	所200か2566	16飯△

■QKG-MP35FP 改 (MFBM)

企 S-015	所200か1619	12飯△
企 S-016	所200か1620	12飯△

■QKG-MP37FK (MFBM)

A2-667	所200か1612	12飯○
A2-668	大200か2752	12大○
A2-669	練200か2615	12立○
A2-678	所200か2206	12飯○
A2-681	所200か2263	12飯○
A2-684	所200か2220	12狭○
A2-685	所200か1627	12狭○
A2-687	所200か1626	12新○
A2-688	練200か2646	12練○
A2-695	練200か2650	12練○
A2-696	練200か2651	12練○
A2-704	所200か1654	12所○
A2-705	大200か2194	12大○
A2-708	所200か1651	12飯○
A2-730	所200か1666	12所○
A2-741	大200か2205	12大○
A2-744	大200か2206	12大○
A2-753	所200か2260	12飯○
A2-760	所200か1667	12新○
A2-772	所200か1675	12所○
A2-775	所200か1677	12所○
A2-779	大200か2213	12大○

A2-799	所200か1684	12所○
A2-821	所200か1685	12所○
A2-866	所200か1683	12飯○
A2-867	所200か1686	12飯○
A2-879	大200か2766	12大○
A2-906	所200か1690	12所○
A2-916	所200か1693	12所○
A2-959	所200か1689	12新○
A2-960	所200か1692	12新○
A3-591	所200か2337	13狭○
A3-600	所200か1763	13新○
A3-604	所200か1766	13新○
A3-606	所200か1768	13新○
A3-626	所200か1765	13所○
A3-637	練200か2808	13上○
A3-638	練200か2813	13上○
A3-639	練200か2814	13上○
A3-640	練200か2817	13上○
A3-641	練200か2818	13上○
A3-643	所200か1774	13新○
A3-644	所200か1771	13所○
A3-646	所200か1794	13所○
A3-647	所200か1796	13所○
A3-648	大200か2304	13大○
A3-649	所200か1791	13飯○
A3-653	所200か2351	13狭○
A3-671	所200か2343	13狭○
A3-963	所200か2697	13上○
A3-981	大200か3070	13大○
A3-3	所200か1714	13飯○
A3-10	所200か1709	13新○
A3-11	所200か1711	13新○
A3-29	所200か2301	13狭○
A3-43	所200か1721	13所○
A3-69	大200か2224	13大○
A3-76	川200か301	13川○
A3-123	所200か1725	13飯○
A3-203	所200か2713	13上○
A3-204	練200か2729	13上○
A3-233	所200か2294	13狭○
A3-281	所200か2325	13狭○
A3-282	所200か2296	13狭○
A3-373	所200か1741	13新○
A3-383	所200か1744	13新○
A3-412	所200か2818	13大○
A3-417	多200か2594	13西○
A3-504	所200か2312	13狭○
A3-505	所200か2308	13狭○
A3-506	所200か2339	13狭○
A3-517	大200か2757	13大○
A3-520	所200か1758	13新○
A3-525	所200か1760	13新○
A3-527	川200か318	13川○
A3-538	川200か323	13川○
A3-988	大200か2746	13大○
A4-675	川200か335	14川○
A4-677	川200か580	14川○
A4-679	川200か591	14川○
A4-680	川200か602	14川○
A4-686	川200か605	14川○
A4-690	大200か2330	14大○
A4-691	所200か2399	14所○
A4-692	所200か2398	14所○
A4-697	大200か2873	14大○
A4-699	所200か1836	14狭○
A4-700	練200か2873	14練○
A4-701	練200か2870	14上○
A4-702	練200か2874	14上○
A4-703	練200か2877	14上○
A4-709	所200か2378	14上○
A4-710	練200か3497	14上○
A4-713	大200か2345	14大○
A4-714	練200か2888	14練○
A4-715	練200か2890	14練○
A4-716	練200か2889	14上○
A4-719	所200か1847	14所○
A4-720	川230あ1848	14川○
A4-721	所200か1848	14所○
A4-722	川200か607	14川○
A4-728	所200か1850	14飯○
A4-729	所200か1851	14新○
A4-731	所200か1853	14新○
A4-732	練200か2898	14練○
A4-733	所200か2430	14狭○
A4-734	所200か2423	14狭○
A4-735	多200か2681	14西○
A4-736	多200か2683	14西○
A4-737	大200か2859	14大○
A4-738	大200か2861	14大○
A4-739	所200か2411	14所○
A4-740	所200か1859	14新○
A4-746	練200か2902	14上○
A4-747	川200か613	14川○
A4-748	多200か2688	14西○
A4-752	大200か2865	14大○
A4-754	大200か2894	14大○
A4-755	所200か1860	14所○
A4-756	所200か1863	14新○
A4-757	大200か2365	14大○

■QKG-MP38FK （MFBM）

A4-758	練200か2921	14練○
A4-761	多200か2709	14西○

A4-762	多200か2711	14西○
A4-766	多200か2720	14西○
A4-767	多200か2724	14西○
A4-768	所200か2404	14所○
A4-769	多200か2725	14小○
A4-770	多200か2936	14小○
A4-774	大200か2965	14大○
A4-776	多200か2743	14立○
A4-782	多200か2744	14立○
A4-783	大200か2880	14大○
A4-784	所200か1903	14新○
A4-785	所200か1905	14新○
A5-788	多200か2764	15西○
A5-790	多200か2768	15小○
A5-791	多200か2765	15西○
A5-792	多200か2772	15西○
A5-793	多200か2773	15西○
A5-794	多200か2782	15西○
A5-806	所200か1921	15新○
A5-807	所200か1926	15新○
A5-809	所200か2493	15所○
A5-810	大200か2964	15大○
A5-815	多200か2805	15西○
A5-822	多200か2807	15西○
A5-824	練200か3020	15上○
A5-826	所200か2480	15所○
A5-827	多200か2818	15立○
A5-828	多200か2821	15立○
A5-829	所200か1954	15新○
A5-830	練200か3029	15練○
A5-831	練200か3035	15練○
A5-832	練200か3027	15上○
A5-833	練200か3030	15上○
A5-839	大200か2750	15大○
A5-844	練200か3054	15上○
A5-845	多200か2852	15西○
A5-846	所200か2331	15狭○
A5-847	多200か2858	15西○
A5-848	多200か2859	15西○
A5-849	大200か2775	15大○
A5-851	多200か2872	15立○
A5-852	多200か2873	15立○
A5-853	所200か1984	15新○
A5-854	多200か2882	15西○
A5-855	多200か2885	15西○
A5-857	所200か2295	15所○
A5-858	多200か2891	15西○
A5-861	多200か2900	15西○
A5-862	多200か2904	15西○
A5-863	多200か2912	15西○
A5-864	所200か2341	15所○
企 S-041	所200か1925	15所△
A6-869	練200か3098	16練○
A6-870	多200か2915	16西○
A6-871	多200か2917	16西○
A6-872	多200か2919	16滝○
A6-877	練200か3112	16練○
A6-881	多200か2922	16小○
A6-885	多200か2921	16小○
A6-899	多200か2947	16小○
A6-900	所200か2640	16所○
A6-920	練200か3153	16練○
A6-921	多200か2996	16立○
A6-922	所200か2613	16所○
A6-952	練200か3029	16小○
A6-953	多200か3034	16小○
A6-955	練200か3195	16練○
A6-956	練200か3198	16練○
A6-957	練200か3197	16上○
A6-958	練200か3199	16上○
A6-962	多200か3041	16西○
A6-964	所200か2655	16所○
A6-966	練200か3206	16練○
A6-967	練200か3203	16上○
A6-968	練200か3211	16上○
A6-969	練200か3213	16上○
A6-972	所200か3063	16小○
A6-973	多200か3069	16小○
A6-977	練200か3234	16練○
A6-978	練200か3225	16上○
A6-980	多200か3094	16西○
A6-984	多200か3100	16西○
A6-985	多200か3102	16西○
A6-986	多200か3098	16小○
A6-6	多200か3118	16西○
A6-7	多200か3123	16西○
A6-8	多200か3129	16滝○
A6-23	多200か3119	16小○
A6-24	多200か3125	16小○
A7-25	多200か3132	17滝○
A7-26	多200か3133	17滝○
A7-31	多200か3134	17立○
A7-60	練200か3293	17上○
A7-64	練200か3300	17上○
A7-78	大200か3125	17小○
A7-79	多200か3178	17小○
A7-85	多200か3213	17滝○
A7-91	練200か3311	17上○
A7-99	所200か2696	17所○
A7-116	所200か3239	17小○
A7-129	練200か3343	17練○
A7-130	多200か3248	17滝○
A7-131	多200か3262	17滝○

A7-132	所200か2659	17所○

■2PG-MP38FK （MFBM）

A7-146	練200か3381	17上○
A7-149	多200か3273	17小○
A7-150	多200か3276	17小○
A7-153	多200か3277	17立○
A7-285	練200か3386	17上○
A7-289	多200か3281	17小○
A7-298	練200か3391	17上○
A8-317	所200か3396	18所○
A8-399	多200か3294	18小○
A8-436	多200か3398	18小○
A8-437	練200か3401	18上○
A8-438	多200か3300	18小○
A8-454	多200か3302	18小○
A8-500	練200か3403	18上○
A8-501	練200か3404	18上○
A8-509	練200か3407	18上○
A8-650	多200か3331	18滝○
A8-665	多200か3332	18小○
A8-786	練200か3436	18練○
A8-787	練200か3441	18上○
A8-789	練200か3432	18上○
A8-797	練200か3439	18上○
A8-834	多200か3343	18小○
A8-895	多200か3358	18滝○
A8-896	多200か3359	18滝○
A8-909	練200か3457	18上○
A8-910	多200か3365	18滝○
A8-911	多200か3369	18滝○
A8-932	多200か3389	18小○
A8-936	多200か3396	18小○
A8-937	多200か3397	18小○
A8-941	多200か3400	18滝○
A8-976	多200か3407	18滝○
A9-20	多200か3434	19小○
A9-33	多200か3443	19小○
A9-39	多200か3459	19小○
A9-40	多200か3461	19小○
A9-48	多200か3468	19小○
A9-49	多200か3476	19小○
A9-50	多200か3480	19小○
A9-66	練200か3531	19練○
A9-89	練200か3535	19練○
A9-104	練200か3540	19練○
A0-126	練200か3545	20練○
A0-140	多200か3510	20小○
A0-159	多200か3522	20滝○
A0-167	多200か3552	20滝○
A0-176	練200か3569	20上○
A0-177	多200か3557	20小○
A0-178	多200か3561	20立○
A0-179	所200か2478	20新○
A0-184	練200か3576	20上○
A0-185	練200か3574	20上○
A0-190	多200か3568	20小○
A0-192	多200か3570	20小○
A0-193	多200か3567	20滝○
A0-194	所200か2490	20新○
A1-243	所200か2563	21飯○
A1-245	多200か3633	21滝○
A1-251	多230か3637	21滝○

■QRG-MS96VP （MFBM）

観 1324	長200か1714	(13)軽○
観 1325	長200か1694	(13)軽○
観 1326	大200か2297	(13)大○
観 1329	長200か1719	(13)軽○
1436	練200か3532	14練○
観 1440	長200か1754	(14)軽○
観 1445	長200か1768	(14)軽○
観 1554	長200か1806	(15)軽○
観 1555	大200か3124	(15)大○
1559	所200か1956	15所○

■QTG-MS96VP （MFBM）

1672	所200か2076	16所○
観 1673	長200か1900	(16)軽○
観 1674	長200か1901	(16)軽○
1783	練200か3617	17練○
1791	練200か3315	17練○
1792	所200か2196	17所○

■2TG-MS06GP （MFBM）

1027	練200か3563	20練○
1028	所200か2500	20所○

アルファバス

■ECITY L10 （ALFA）

A3-455	多200か3865	23滝○
A3-456	多200か3867	23滝○

BYD

■J6 （BYD）

A3-457	所200か2694	23新○

■K8 （BYD）

A2-385	所200か2632	22新○
A2-386	所200か2633	22新○

【著者プロフィール】
加藤佳一（かとうよしかず）
1963年東京生まれ。東京写真専門学校(現東京ビジュアルアーツ)卒業。1986年にバス専門誌『バス・ジャパン』を創刊。1993年から『ＢＪハンドブックシリーズ』の刊行を続け、バスに関する図書も多数編集。主な著書に『バスで旅を創る！』(講談社＋α新書)、『一日乗車券で出かける東京バス散歩』(洋泉社新書ｙ)、『路線バス終点の情景』(クラッセ)、『シニアバス旅のすすめ』(平凡社新書)、『バス趣味入門』『ビンテージバスに会いたい！』(天夢人)などがある。ＮＰＯ日本バス文化保存振興委員会理事。日本バス友の会会員。

【写真撮影】
加藤佳一(BJエディターズ)

【校正】
小川章(クリエイターズ・ファクトリー)

【協力】
西武バス株式会社
西武観光バス株式会社
株式会社西武総合企画

昭和末期～平成のバス大図鑑 第5巻
西武バス

2024年4月5日　第1刷発行

著　者……………………加藤佳一
発行人……………………高山和彦
発行所……………………株式会社フォト・パブリッシング
　　　　　　　　　　〒161-0032　東京都新宿区中落合 2-12-26
　　　　　　　　　　TEL.03-6914-0121 FAX.03-5955-8101
発売元……………………株式会社メディアパル（共同出版者・流通責任者）
　　　　　　　　　　〒162-8710　東京都新宿区東五軒町 6-24
　　　　　　　　　　TEL.03-5261-1171 FAX.03-3235-4645
デザイン・DTP ………柏倉栄治（装丁・本文とも）
印刷所……………………サンケイ総合印刷株式会社

ISBN978-4-8021-3459-0 C0026

本書の内容についてのお問い合わせは、上記の発行元（フォト・パブリッシング）編集部宛ての
Ｅメール（henshuubu@photo-pub.co.jp）または郵送・ファックスによる書面にてお願いいたします。